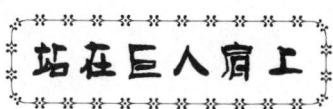

从阿基米德谈物理学起源

刘枫 主编

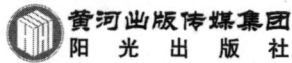

图书在版编目（CIP）数据

从阿基米德谈物理学起源 / 刘枫主编 .-- 银川：阳光出版社，2016.6（2022.05重印）
（站在巨人肩上）
ISBN 978-7-5525-2768-1

Ⅰ.①从… Ⅱ.①刘… Ⅲ.①阿基米德（前287-前212）-生平事迹-青少年读物②物理学史-青少年读物 Ⅳ.① K835.456.11-49 ② 04-09

中国版本图书馆CIP数据核字(2016)第178874号

站在巨人肩上　从阿基米德谈物理学起源　　刘枫　主编

责任编辑　贾　莉
封面设计　瑞知堂文化
责任印制　岳建宁

黄河出版传媒集团　阳光出版社　出版发行

地　　址	宁夏银川市北京东路139号出版大厦（750001）
网　　址	http：//www.ygchbs.com
网上书店	http：//shop129132959.taobao.com
电子信箱	yangguangchubanshe@163.com
邮购电话	0951-5047283
经　　销	全国新华书店
印刷装订	天津兴湘印务有限公司
印刷委托书号	（宁）0020151

开　本	710 mm×1000 mm　1/16
印　张	8
字　数	128千字
版　次	2016年6月第1版
印　次	2022年5月第2次印刷
书　号	ISBN 978-7-5525-2768-1
定　价	35.80元

版权所有　翻印必究

前 言

哲人培根说过："读史使人睿智。"是的，历史蕴含着经验与真知。

科学的发展是一个漫长的过程，一代又一代的科学家曾为之不懈努力，这里面不仅有着艰辛的探索、曲折的经历和动人的故事，还有成功与失败、欢乐与悲伤，甚至还饱含着血和泪。其中蕴含的人文精神，堪称人类科技文明发展过程中最宝贵的财富。

本系列丛书共30本，每本以学科发展状况为主脉，穿插为此学科发展做出重大贡献的一些杰出科学家的动人事迹，旨在从文化角度阐述科学，突出其中的科学内核和人文理念，提升读者的科学素养。

为了使本系列丛书有一定的收藏性和视觉效果，书中还汇集了大量的珍贵图片，使昔日世界的重要场景尽呈读者眼前，向广大读者敬献一套图文并茂的科普读本。

由于编者水平有限，加之时间仓促，疏误之处在所难免，敬请广大读者批评指正。

编者

目 录

阿基米德的自我介绍/1
- 自我介绍/3
- 跟我来/9

世界物理学的奠基石/13
- 实验物理学大师伽利略/15
- 磁学奠基人吉尔伯特/30
- 开普勒发现行星运动三定律/40
- 真空鼻祖托里拆利/49
- 跟我来/59

中国古代物理学/61
- 人类文明的进步
  ——人工取火/63
- 中国最早的元素论

——五行学说/66

● 中国最早的元素论

——端/69

● 力学在中国古代的应用/72

● 磁学在中国古代的应用/76

● 跟我来/78

中国古代物理学先驱/99

● 三国时期的机械学家马钧/101

● 宋代杰出的科学家沈括/107

● 跟我来/113

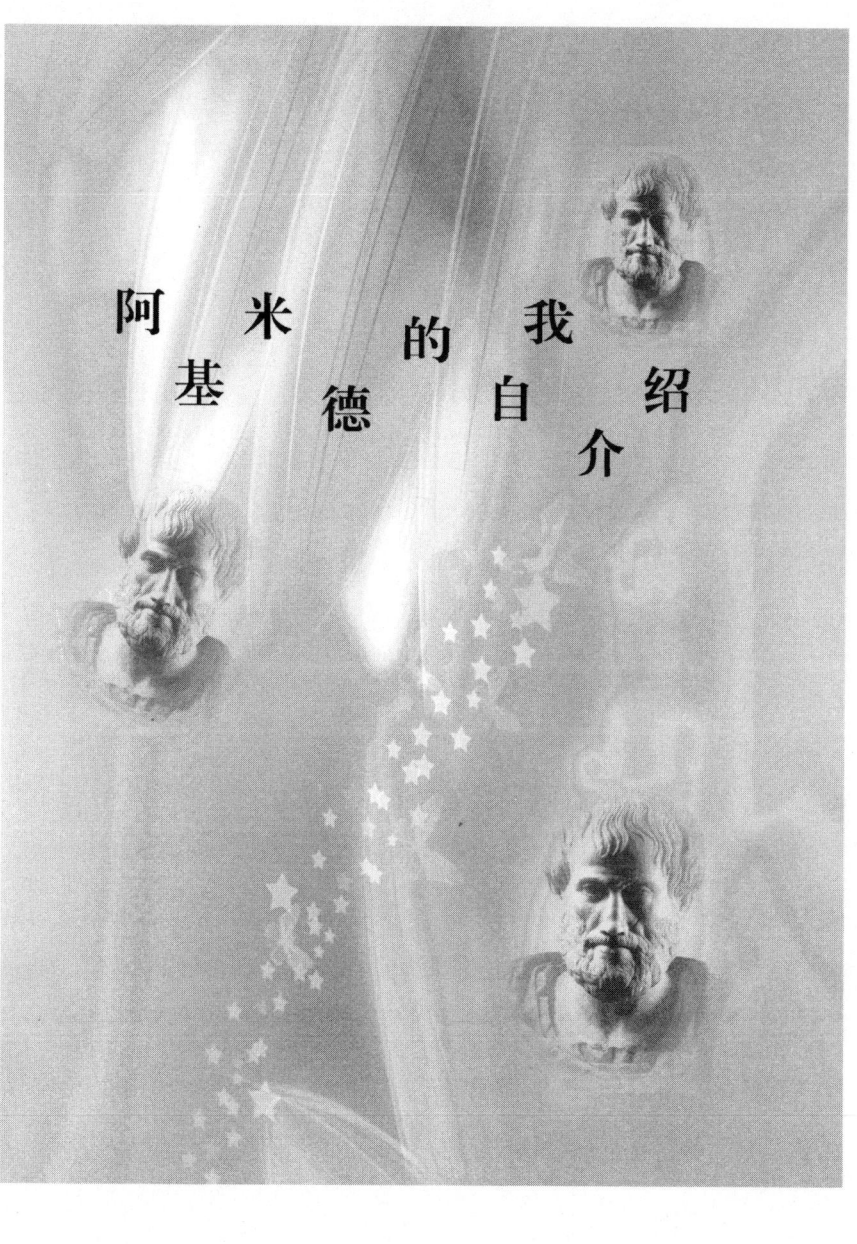

介绍我自己的米德阿基

阿基米德的自我介绍

名句箴言

假如给我一个支点，我就能撬动地球。

——阿基米德

自我介绍

我叫阿基米德（Archimedes），是古希腊物理学家、数学家，静力学和流体静力学的奠基人。公元前287年，我出生于西西里岛的叙拉古（今意大利锡拉库萨）。由于我出身于贵族，又与叙拉古的赫农王有亲戚关系，所以当时我的家庭是相当富有的。我的父亲是天文学家兼数学家，学识渊博，为人谦逊。

站在巨人肩上——从阿基米德谈物理学起源

由于王室的关系,在我十一岁时,被送到古希腊文化中心亚历山大里亚城,就这样开始了我的学习生涯。

亚历山大位于尼罗河口,是当时文化贸易的中心之一。这里有雄伟的博物馆、图书馆,而且人才荟萃,被世人誉为"智慧之都"。我在这里学习和生活了很多年,曾跟很多学者密切交往。我在学习期间对数学、力学和天文学都产生了浓厚的兴趣。在学习天文学时,我还发明了用水力推动的星球仪,并用它模拟太阳、行星和月亮的运行及表演日食和月食现象。当时,在用尼罗河水灌溉土地是非常困难的,为了解决这一难题,让老百姓减轻负担,我发明了圆筒状的螺旋扬水器,也就是后人所称的"阿基米德螺旋"。

公元前240年,我当了叙古拉赫农王的顾问,帮助国王解决生产实践、军事技术和日常生活中的各种科学技术问题。

为了帮助你们更好的了解我,在这里我就讲述几个有关我的小故事。

有一次,叙拉古赫农王让工匠替他做了一顶纯金的王冠,做好后,国王怀疑工匠在金冠中掺了假,但这顶金冠确与当初交给金匠的纯金一样重,到底工匠有没有捣鬼呢?既想检验真假,又不能破坏王冠,这个问题不仅难倒了国王,也使诸大臣们面面相觑。

后来,国王请我来检验。最初,我也是冥思苦想而不得

阿基米德的自我介绍

要领。一天,我去澡堂洗澡,当我坐进澡盆里时,看到水往外溢,同时感到身体被轻轻拖起。我突然悟到可以用测定固体在水中排水量的办法,来确定金冠的比重。我兴奋地跳出澡盆,连衣服都顾不得穿就跑了出去,大声喊着"尤里卡!尤里卡!"。(尤里卡,意思是"我知道了")。

我经过了进一步的实验以后来到王宫,把王冠和同等重量的纯金放在盛满水的两个盆里,比较两盆溢出来的水,发现放王冠的盆里溢出来的水比另一盆多。这就说明王冠的体积比相同重量的纯金的体积大,所以证明了王冠里掺进了其他金属。

这次试验的意义对于我来说远远大过查出金匠欺骗国王,因为我从中发现了浮力定律:物体在液体中所获得的浮力,等于他所排出液体的重量。

有人说我不仅是个理论家,也是个实践家,这源于我一生热衷于将科学发现应用于实践,并把二者结合起来。在埃及,很久以前就有人利用杠杆来抬起重物,不过人们不知道它的道理。我潜心研究了这个现象并发现了杠杆原理。我从中受到了启发:"假如给我一个支点,我就能撬动地球。"

当时,赫农王为埃及国王制造了一条不但体积很大,而且很重的一条船。因为船太重导致国王派了很多人都不能挪动,所以搁浅在海岸上很多天。看到这种情况,我便设计了一套复杂的杠杆滑轮系统安装在船上,然后将绳索的一端交到赫农王手上。赫农王轻轻拉动绳索,大船便奇迹般地缓缓地挪动起来,最终下到海里。国王惊讶之余,十分佩服我,并派人贴出告示"今后,无论阿基米德说什么,都要相信他。"

有一次,罗马军队入侵叙拉古,我指导同胞们制造了很多攻击和防御的作战武器。当侵略军首领马塞勒塞率众攻城时,我设计的投石机把敌人打得哭爹喊娘;我制造的铁爪式起重机,能将敌船提起并倒转。

还有一次,我率领叙拉古人民手持凹面镜,将阳光聚焦在罗马军队的木制战舰上,使它们焚烧起来。罗马士兵在这频频的打击中已经心惊胆战,一见到有绳索或木头从城里扔出,他们就惊呼"阿基米德来了",随之抱头鼠窜。

罗马军队被阻在城外达三年之久。然而不幸还是降临。公元前212年,也就是我75岁的时候,罗马人趁叙拉古城防务稍有松懈,大举进攻闯入了城市。此时,我正在潜心研究一道深奥的数学题,一个罗马士兵闯入,用脚践踏了我所画的图形……

鉴于我在诸多科学领域所作出的突出贡献,同时代人们给予了我高度的尊敬。有人称我是古代希腊文明所产生的最伟大的数学家及科学家。

我在力学方面的成绩最为突出,我系统并严格的证明

阿基米德的自我介绍

了杠杆定律,为静力学奠定了基础。在总结前人经验的基础上,我系统地研究了物体的重心和杠杆原理,提出了精确地确定物体重心的方法,指出在物体的中心处支起来,就能使物体保持平衡。我在研究机械的过程中,发现了杠杆定律,并利用这一原理设计制造了许多机械。我在研究浮体的过程中发现了浮力定律,也就是有名的阿基米德定律。

我确定了抛物线弓形、螺线、圆形的面积以及椭球体、抛物面体等各种复杂几何体的表面积和体积的计算方法。在推演这些公式的过程中,我创立了"穷竭法"(即我们今天所说的逐步近似求极限的方法,因而阿基米德被公认为微积分计算的鼻祖)。我用圆内接多边形与外切多边形边数增多、面积逐渐接近的方法,比较精确的求出了圆周率。面对古希腊烦冗的数字表示方式,我还首创了记大数的方法,突破了当时用希腊字母计数不能超过一万的局限,并用它解决了许多复杂的数学难题。

我在天文学方面也有出色的成就。除了前面提到的星球仪,我还认为地球是圆球状的,并围绕着太阳旋转(这一观点比哥白尼的"日心地动说"要早1800年。限于当时的条件,他并没有就这个问题做深入系统的研究。但早在公元前三世纪就提出这样的见解,是很了不起的)。

我的著作很多,数学方面,我写出了《论球和圆柱》《圆的度量》《抛物线求积》《论螺线》《论锥体和球体》《沙的计算》等数学著作。而作为力学家,我著有《论图形的平衡》《论浮体》《论杠杆》《原理》等力学著作。

阿基米德的自我介绍

说到圆周率大家都不陌生,都知道它是一个极其驰名的数。那么,什么是圆周率呢?圆周率是指平面上圆的周长与直径之比。用希腊符号 π 表示。中国古代有圆率、圆周率等名称。从文字记载的历史开始,圆周率这个数就引起了科学家们的重视并为此献出了自己的智慧和劳动。

大约公元前3世纪初在古希腊欧几里得《几何原本》中提到圆周率是常数,而在大约公元前2世纪中国古算书《周髀算经》中有"径一而周三"的记载,也认为圆周率是常数。历史上曾采用过圆周率的多种近似值,早期大都是通过实验而得到的结果,

祖冲之

如古埃及纸草书（约公元前1700）中取 $\pi=(\frac{4}{3})^4\approx 3.1604$。第一个用科学方法寻求圆周率数值的人是阿基米德，他在公元前3世纪的《圆的度量》中用圆内接和外切正多边形的周长确定圆周长的上下界，从正六边形开始，逐次加倍计算到正96边形，得到 $(3+\frac{10}{71})<\pi<(3+\frac{1}{7})$，开创了圆周率计算的几何方法（亦称古典方法，或阿基米德方法），得出精确到小数点后两位的π值。

公元前263年，中国数学家刘徽在注释《九章算术》时，只用圆内接正多边形就求得π的近似值，也得出精确到两位小数的π值，他的方法被后人称为割圆术。约5世纪下半叶，南北朝时代的数学家祖冲之进一步得出精确到小数点后7位的π值，给出不足近似值3.1415926和过剩近似值3.1415927，还得到两个近似分数值，密率 $\frac{355}{113}$ 和约率 $\frac{22}{7}$。直到1573年，密率才由德国人奥托得到，1625年发表于荷兰工程师安托尼斯的著作中，欧洲称之为安托尼斯率。阿拉伯数学家卡西在15世纪初求得圆周率17位精确小数值，打破祖冲之保持近千年的纪录。德国数学家柯伦于1596年将π值算到20位小数值，后投入毕生精力，于1610年算到小数后

阿基米德的自我介绍

35位数,该数值被用他的名字称为鲁道夫数。1579年法国数学家韦达花了大量的时间,投入毕生的精力,终于给出第一个π的表达式。

此后,无穷乘积式、无穷连分数、无穷级数等各种π值表达式纷纷出现,π值计算精度也迅速增加。1706年英国数学家梅钦计算π值突破100位小数大关。1873年另一位英国数学家尚可斯将π值计算到小数点后707位,可惜他的结果从528位起是错的。到1948年英国的弗·格森和美国的伦奇共同发表了π的808位小数值,成为人工计算圆周率值的最高纪录。

随着电子计算机的出现,使π值计算有了突飞猛进的发展。1949年美国马里兰州阿伯丁的军队弹道研究实验室首次用计算机(ENIAC)计算π值,一下子

首次用计算机(ENIAC)计算π值

就算到2037位小数,突破了千位数。1989年美国哥伦比亚大学研究人员用克雷－2型和IBM－VF型巨型电子计算机计算出π值小数点后4.8亿位数,后又继续算到小数点后10.1亿位数,创下新的纪录。

除π的数值计算外,它的性质探讨也吸引了众多数学家。1761年瑞士数学家兰伯特第一个证明π是无理数。1794年法国数学家勒让德又证明了$π^2$也是无理数。到1882年德国数学家林德曼首次证明了π是超越数,由此否定了困惑人们两千多年的"化圆为方"尺规作图问题。还有人对π的特征及与其他数字的联系进行研究。如1929年苏联数学家格尔丰德证明了$e^π$是超越数等等。

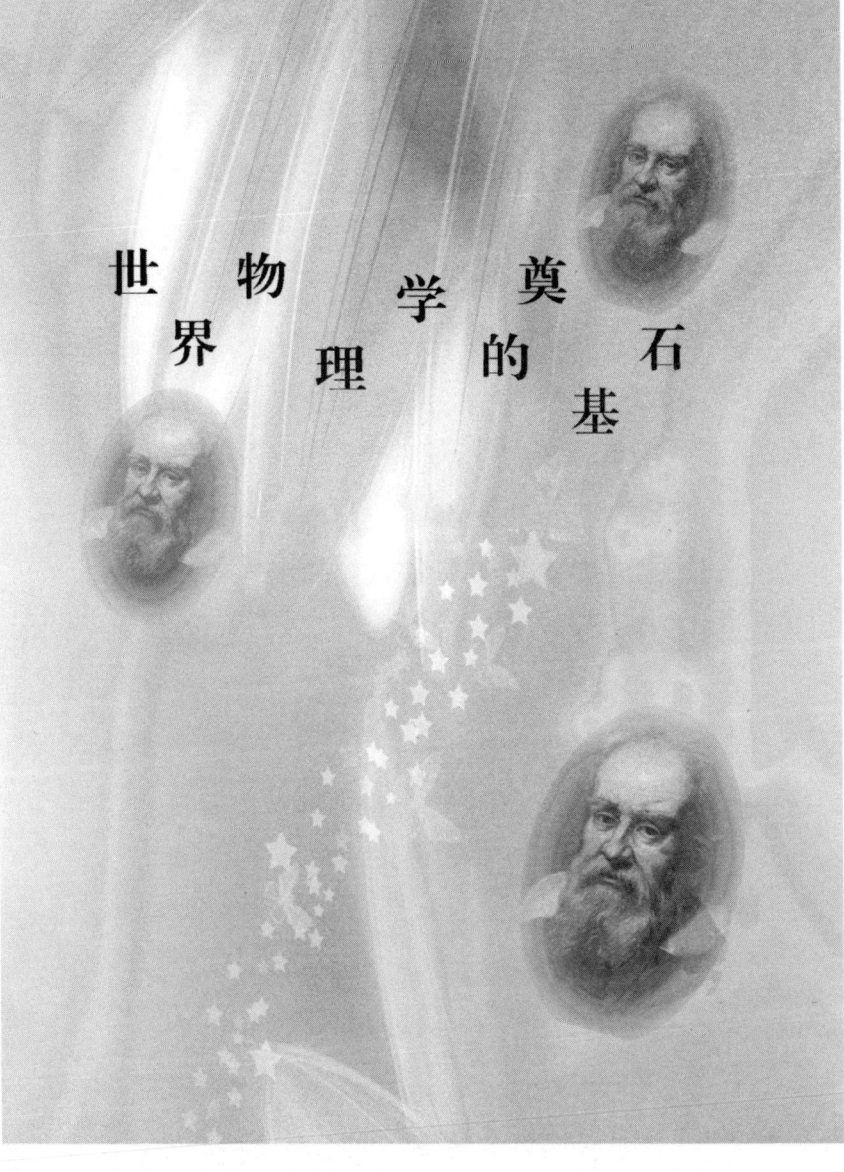

奠物理学的基石
世界

世界物理学的奠基石

名句箴言

我们没办法教会别人什么，我们只能帮助他们发现自己。

——伽利略

实验物理学大师伽利略

16世纪下半叶，是欧洲由封建社会向资本主义社会过渡的时期。被视若神明的亚里士多德的传统学说继续统治着人类。但在1609年，意大利物理学家、天文学家伽利里奥·伽利略创制了天文望远镜，并用来观测天体，他发现了月球表面的凹凸不平，并亲手绘制了第一幅月面图。1610年1月7日，伽利略发现了木星的四颗卫星，为哥白尼学说找到了确凿的证据,标志着哥白尼学说开始走向胜利。他是第一个站出来反对亚里士多德的传统思想、保卫哥白尼日心说并向神学挑战的,这是科学与神学斗争的关键时刻。

1564年2月15日,在意大利的比萨城一个著名的物理学家诞生了,他就是伽利略。虽然他的父亲是一个没落贵族,但是却有很高的文化修养,通晓数学。伽利略从小就聪明好学,在这样的家庭的熏陶下,他更显得才华横溢。在他满17岁那年,父亲希望他长大后做一名医生,便把他送进比萨大学医学系。但伽利略并没有按父亲的意愿去学医学,他偏爱数学和物理学,对所学的医学课程一点也不感兴趣。

由于他的聪明好学,对什么事物都会产生浓厚的兴趣,所以在他入学不久,就因爱提各种稀奇的问题而闻名。这就引起了许多老师的反感,因为在他的眼里,伽利略太聪明了,很多问题他们也无言以对。对于书本上和老师们传

伽利略

世界物理学的奠基石

授的亚里士多德的学说,他就持有自己的见解:"有些老师讲的话不对,他们说亚里士多德永远是正确的,可是亚里士多德生活在2000年以前。从那时起,许多事物已经发生了变化。"

他常这样和老师们辩论,并希望有一天能亲自证明自己的观点。

有一天,伽利略信步来到教堂,在一条长凳子上坐了下来,不一会就进入了思考状态。这时一阵风从敞开的窗户吹了进来,吹到了他身上使他打了个寒颤。忽然他注意到屋顶的吊灯被吹得轻轻地左右摆动起来,这对于平常人来说是一件再平常不过的事了,可是伽利略却抬头看得入了迷。

"真奇怪!怎么每次摆动的时间好像都一样。"

他站起来,又去推了一下灯,再仔细观察。刚开始灯的弧度摆动还是很大,但是,弧度变得小些的时候,摆动的速度却变得慢些。他联想起老师说的"脉搏跳动的次数是稳定均匀的"这句话,他便用右手按住左手的脉搏,心中默数吊灯摆动和脉搏跳动的次数。结果吃惊地发现,不论吊灯摆动的弧度多大,每次摆动的时间总是相等。就这样,伽利略从教堂摇晃的吊灯上得到了灵感,发现了摆的等时性。

但是伽利略并没有轻易地下结论。他想:"如果不是自己的感觉欺骗了自己,就是亚里士多德的记述错了。亚里士多德说过:摆经过一个短弧要比经过长弧快些。"

他立即回家,迅速地找来了各种不同重量的物体,在不同长度的绳子上做起了试验,想通过这种试验找到正确的答案。于是,他投入大量的精力到一个又一个摆的实验中去,没有心思再去上什么医学课了。

为了进一步研究摆的规律性,他将不同长度的线悬挂在天花板上,下端挂上小球,并测量它们摆动的周期。经过多次实验,他得出结论:摆的周期跟摆锤的质量及材料无关,而只跟摆长的平方根成正比。这是物理学上一项重大的发现,伽利略第一次用无可辩驳的事实驳倒了亚里士多德关于摆的观点。

在医学院的几年里,尽管他竭力强制自己去实现父亲的愿望,成为一名医生,但最后他承认自己失败了。他想:"要我假装对学医感兴趣是办不到的了。"不久,他没有取得医学学位就离开了比萨大学,开始钻研起数学和物理学来了。

古希腊数学家阿基米德关于杠杆和浮体比重的原理,早在大学一年级的时候,伽利略就自学过。据说这项理论是阿基米德在洗澡时想出来的。当时他进入浴缸,看见浴缸中的水被排出来,因此联想到,将物体放入装满水的容器中,会有和物体相同体积的水排出来。伽利略认为用这种方法来测量物体的体积,太麻烦了。一天,他偶然看到一个

世界物理学的奠基石

小孩拿石头击打水面木板上的青蛙,木板被打中向右倾时,青蛙就向左跳;向前倾时,它便向后跳;不管木板怎么摇晃,青蛙都不在乎。原来,青蛙懂得保持木板两边的均衡。

伽利略终于得到了灵感:重量相同的东西,挂在一根杆子的两端时,就能保持平衡。若将其中的一方浸入水中时,就无法再保持平衡了⋯⋯

利用这个原理,伽利略发明了测量物体的重量和体积的仪器——水秤。而后,他又发表了以数学计算见长的论文"固体的重心",轰动了当时的学术界。凭借这篇论文,比萨大学聘请他担任数学讲师。

可是伽利略在比萨大学并不受欢迎,因为他竟然公开站出来向亚里士多德的学说提出挑战。

亚里士多德认为,不同重量的物体从高处下落的时候速度是不一样的。当时人们都信以为真,但是伽利略对此表示怀疑。他私下做了实验:把3颗大小不同的石头,从二楼的窗口抛下去,结果3颗石头均同时到达地面。于是他知道亚里士多德的这些理论是不对的。当他把这项实验告诉其他教授的时候,大家都不相信。在当时的学者眼里,除了上帝,就是亚里士多德是对的。他们嘲笑伽利略:"一个小小的讲师,竟敢评论亚里士多德的学说是错的,简直荒唐可笑!"

尽管如此,伽利略仍然坚持自己的实验结果,不肯附和

"权威性"的说法。

　　为了让学校里的教授和学生相信他的理论,伽利略计划利用比萨斜塔来公开他的实验。因为这座塔有60米高,而且是倾斜的,从塔上放下东西,可以清楚地看到物体掉落的情形,这是再理想不过的实验场所了。

　　这一天中午,天气格外晴朗,广场上早就挤满了看热闹的人群,他们都互相传告着:

　　"听说大学里有一位老师,要做一项非常奇怪的实验啊!""选在斜塔上做实验,倒是新鲜!"

　　人群中有一大半是比萨大学的学生,也有一些人是想看他当众出丑的亚里士多德派的教授。一会儿,伽利略拿着两个大小不同的铁球登上塔顶。他在塔上大声解释这次实验的目的:"在我左手中有一个小铁球,重量是1磅(约0.45千克)。右手中有一个大铁球,重10磅(约4.5千克)。现在,我将要把两个铁球同时放下去。事实将证明:到底是亚里士多德的理论正确,还是我的理论正确。"

　　说完,他叫塔下两个学生各拿一具计时用的"滴漏计",准备记录铁球掉落到地面的时间。

　　"好,现在,请各位注意看!"伽利略在塔上大声宣布。广场上的喧哗立刻停止,每一个人的眼睛,都紧紧地注视这历史上重要一刻的来临。

　　"准备,一、二、三!"他向下面的人做了一个手势,随后

世界物理学的奠基石

双手一放,两个铁球便从斜塔上笔直地垂落下来。刹那间,两个铁球同时到达地面,扬起一小撮尘沙。

"成功了!伽利略老师。"学生们冲着塔顶上的伽利略大声地欢呼着。群众也议论纷纷:

"没错,是同时落地。"

"亚里士多德并非神,他的话也有错。"

"伽利略是对的,我们要相信事实。"

但亚里士多德派的教授们在事实面前,仍在狡辩,他们不相信亚里士多德会有错误,竟胡说伽利略在铁球里施行了什么魔术。

伽利略虽然在众人面前,圆满地证明了他的"落体原理",推翻了亚里士多德的错误说法。但是,他这种违反传统的行为,却得不到比萨大学里头脑守旧的校长和教授们的支持,他已无法在这里继续从事教学和科研活动了。于是他愤然辞去了比萨大学的教职。

幸好,伽利略的名声已经传遍国内外,所以不久以后,他就被欧洲著名的帕多亚大学聘为数学教授。在那里,伽利略可以自由地开展科学研究。

有一天,伽利略偶然得到一本天文学家哥白尼的著作《天体运行论》,他对书中的许多论点十分着迷,连夜捧着书阅读。书上说:"地球不是宇宙的中心,太阳才是中心,月亮、地球和其他的行星,都围绕着太阳运转。"

站在巨人肩上——从阿基米德谈物理学起源

伽利略深深被这个说法震撼。因为在这以前的学者,像托勒密、亚里士多德等人,都认为"地球是宇宙的中心,太阳围绕着地球运转"。而且圣经上也是这样说的,因此,谁也不怀疑这样的说法。但是,这种说法有许多谜无法解开,一直困扰着伽利略,而哥白尼的说法,却把这些谜团解释得清清楚楚。

当他看完最后一页时,黑夜已悄悄溜走,天空已微微露出鱼肚白。伽利略兴奋得眼睛发亮,不断反问自己:"真是地球在转动吗?这是真的吗?"

此时,德国有位名叫开普勒的天文学家出版了一部《新天文学》。开普勒通过大量的叙述,总结出一个结论,就是哥白尼的太阳中心说是正确的。伽利略读完后,他也越研究越倾向于哥白尼的学说,希望有一天自己能亲自证明哥白尼学说的正确性。

1609年,他收到荷兰一位朋友的来信。信中说一位名叫利珀希的荷兰人有一个奇怪的发现:如果将一块凸镜片和一块凹镜片合在一起,看到远方的景物就好像近在眼前。伽利略对这个发现很感兴趣,他想:如果用这种能放大景物的镜子观察天体,一定会超过肉眼。于是他决定自制这样一个"魔镜"。

他首先找来了所有关于透镜的材料,进行仔细的研究。伽利略知道,人们之所以能看见一个物体,是因为光线从这

世界物理学的奠基石

个物体上射到人们的眼睛里。在光线笔直的路线上,透镜能使它折射。凸透镜中间比边上厚,能使光线向里面折射;凹透镜正好相反,中间比边上薄,使光线向外面折射。把凸透镜和凹透镜放在一个适当的距离上,能使物体看起来放大。于是伽利略开始实验。他先花费很长时间来研磨玻璃,一片一片地磨好、擦亮,直到这些玻璃完全符合他的要求为止。他把透镜做成一对一对的,一片凸透镜,一片凹透镜。然后又准备了一个双层的能滑动的管子,一头安装一片大的凸透镜,另一头安装一片小的凹透镜。当他把管子对准窗外的建筑物时,惊讶地发现,那个建筑物似乎近在眼前,建筑物表面上那被风吹雨淋的道道斑痕都看得一清二楚。再看那稍远些的教堂上的钟塔,也是又大又近。成功了,他使物体整整放大了9倍。

伽利略还不满足。1609年的整个夏天,他都在制作这种镜管,进行反复的计算,把透镜研磨得更加精确,放大的倍数也越来越大。1610年他又制成了能放大32倍的透镜。伽利略要给这个仪器取个更好的名字,但一时又想不出合适的字眼,直到两年以后,才给它起名为"望远镜"。

"现在我可以用它来观测天体了。"伽利略这样想着。

1610年1月6日夜晚,是天文学史上一个里程碑日子。这一晚,天鹅绒似的夜空中,繁星密布,伽利略第一次把他的望远镜对准了夜空。那浩瀚壮观的天文奇景令他惊愕、着迷。

他首先把望远镜对准了月亮,美丽的月神顿时变成了麻姑。在望远镜的镜片中,月亮的表面既不光滑,也不平整,既有凸起的高山,也有凹陷的深谷。这一发现,使伽利略兴奋得整整观察了一夜。此后他又连续几夜对月亮进行观察,还发现月亮本身并不发光。因为当月亮只有半边发亮时,只要注意观察就会发现,它的另半边好像不在那里。但如果使用望远镜就能看见,它有一圈很暗淡的光。好像是另外还有一个不太亮的天体,把光照射到月亮的另一面。根据计算伽利略认为,傍晚的时候人们之所以能看见月亮,是因为地球被太阳照到的部分,正好面对着月亮。就像月亮把从太阳得到的光反射给地球那样,地球也把太阳光反射给了月亮,月亮和地球本身都不发光。月亮在不断旋转,而且是环绕着地球……

第二年,伽利略把望远镜转向了木星。他发现木星附近有3颗明亮的小星星,就像3个小月亮一样。两颗在木星的东边,一颗在西边。第二天晚上观看时,却发现3颗小星全在木星西边。过了几个晚上,木星附近又出现了第4颗小星。以后他又一连观察了十几个夜晚,这4颗小星每天晚上都在改变自己的位置。伽利略仔细推算这4颗小星运行的情形,终于了解:"这4颗小星不是行星,而是卫星!它们像月亮绕地球赤道旋转一样,绕着木星运行。"

世界物理学的奠基石

这项发现使伽利略欣喜若狂:"黑夜,你给我们揭示了多少奇迹啊!"伽利略把他所看到的有关月亮、行星及卫星的许多事实,写成了一本书,名为《星球的使者》,书中他已清楚,哥白尼的学说是正确的。

现在伽利略又把望远镜移向了金星和水星,又一奇迹出现了;金星和水星也不是发光的物体。他观察了好多个夜晚,看到他们都有缓慢的变化:晚上或黎明前,常常见到金星和水星离太阳很近。当它们处于太阳的这一边时,其形状不是圆的。为什么呢?因为太阳只照射在这两颗行星的表面,而地球上的人们则处在它们的背面。当这两颗行星绕到太阳对一边时,它们呈圆形,但要显得小一些,因为它们距离地球很远。金星离我们最近,它反射出的光看起来最亮。只有金星和水星运行在地球和太阳之间,所以也只有它们会改变形状。

伽利略很兴奋,他说:"亚里士多德派的学者们说:'月球绕地球赤道旋转,因此太阳也一定绕地球赤道旋转'是站不住脚的。"

为了进一步证明哥白尼的"太阳中心说",从1611年开始伽利略开始研究太阳。他通过望远镜观察后发现,太阳表面有些奇异的黑点。这些黑点缓慢地横移过太阳表面。1613年,他在写给其他天文学家的信中谈到了"太阳黑子"。他写道:"太阳黑子可能是太阳表面或者太阳附近的物质,太阳呆在原地慢慢地旋转,太阳黑子跟着它一起转动。"对太阳黑子移动的观察,证实了太阳是在自转。

伽利略通过一系列的观察,终于证明了哥白尼的理论是千真万确的:太阳是太阳系的中心,月亮绕着地球,木星的4颗卫星绕着木星,地球、木星和其他行星绕着太阳转。

这一下,可激怒了亚里士多德派的信徒们,他们联合起来向罗马宗教法庭控告伽利略。

"伽利略这个人太危险了,他公开支持哥白尼的学说,竟说地球中心说是错误的,可是教会一直是承认地心说的。如果对他听之任之,人们就都会相信他的胡言乱语,教会的威信和地位就要动摇了。"

伽利略被传唤到罗马,宗教法庭最后给他下了一道命令:"今后你无论在讲课或写作中,不许再讲授哥白尼的学说,更不许把它说成是绝对事实。"

伽利略很清楚,如果不顾教会的警告,继续公开宣传地动说,定会被抓进监狱,这样就再也没有办法从事研究了。他想暂时不再发表著述,先埋头于研究,他要为自己的学说找到更充分的科学根据。

有好几年的光景,他默默地忙碌着。白天做实验,晚上观察星星,几乎每天晚上他都把行星和月亮的情况记录在书本上。经过几年的科学积累,一部伟大的著作正在他的脑海中酝酿。

世界物理学的奠基石

他把书定名为《关于两种世界体系的对话》,以三个人巧妙而幽默的对话形式,反映出当时天文学界存在的两种主要学说,他要把它写成一篇公正和诚实的报告,让每一位受过教育的人自己去辨别谁是对的,谁是错的。

他写得很慢,好多次因为生病不得不搁下笔,躺到床上。5年的时间过去了,这部凝聚着伽利略晚年心血和汗水的科学著作终于脱稿了,老人那疲倦不堪的脸上露出了欣慰的笑容。但他没有想到两年后当这部伟大的著作问世时,他又一次被传唤到罗马宗教法庭。

已年近70的伽利略,此时正在病中,宗教法庭不顾老人长途跋涉后的疲惫和病弱,对他进行了连续不断的审讯,企图迫使伽利略抛弃自己的"邪说",不再相信和宣传哥白尼的地动说。精神和身体都受到严重摧残的伽利略已神志

伽利略于罗马教廷受审

恍惚,他强撑着发抖的身体去接受法庭对他的最后判决:"伽利略,现年 70 岁……违背教义,宣传地球运动的邪说……判处伽利略终身监禁……从此不得以任何语言或著作,去支持、维护或宣扬地动邪说。"接着强迫已无力抗争的伽利略在判决书上签了字。当他的朋友们搀扶着这位精疲力竭的老人离开宗教法庭时,他还喃喃自语地说:"但是地球确实在运动啊!"

被囚禁后的伽利略并没有被征服,他在 74 岁高龄时又写下了另一部更有代表性的著作《关于两种新科学的对话》,阐述了物理学上运动的基本概念和规律,矛头直指亚里士多德的物理学偏见。

这部书完稿后的第二年,由于长期使用望远镜进行观察,伽利略双目失明了。面对着眼前的一片黑暗,他没有停止他的研究和斗争。他将自己已经研究和尚未研究的科学内容口述给他的学生,希望这些更年青的一代人去完成他未完成的事业,传播他已发现的科学真理,揭示他未能揭示的宇宙之谜。

1642 年 1 月 8 日,这位伟大的学者离开了人世,但他那为发现真理和宣传真理进行不懈斗争的精神,直至今天仍为后人传诵着。

随着时间的流逝,历史终于对伽利略这位伟大的科学家做出了公正的裁判。1979 年,罗马教廷宣布重新审查对

世界物理学的奠基石

伽利略的判决书。1980年,专门成立了一个调查这一案件的委员会。

1983年,这个委员会在一本名为《伽利略·伽利莱伊》文集中公布了审查结果。该书的主编保罗—普帕尔主教写道:"给伽利略定罪的法官犯了错误。"至此伽利略的这一沉冤终于得到昭雪。

站在巨人肩上——从阿基米德谈物理学起源

名句箴言

心灵纯洁的人，生活充满甜蜜和喜悦。

——列夫·托尔斯泰

磁学奠基人吉尔伯特

　　1601年的一天，英国伦敦，女王卧室里的帷幔掀开了，从里面走出了一个年过50的中年男子。他头戴黑色高帽，身穿黑色服装，系着黑色披肩。在一个小桌前面他停住了脚步，往自己的背包里放了点东西，然后对紧随其后从帷幔里走出来的女王说道：

　　"陛下圣体已见康复，愿主永赐大英女王健康！"

世界物理学的奠基石

他说完,躬身行了个宫礼,女王挥了挥手,他又行了个宫礼后便走了出去。

看这个人的穿着打扮很像当时的医生。是的,他正是英国伊丽莎白女王一世的私人医生,英国物理学家威廉·吉尔伯特。

吉尔伯特于1544年5月24日出生于英国科尔切斯特城。他父亲是首席法官和市议会的议员。由于家庭条件较优越,使他的学习生活比较顺利。

吉尔伯特在故乡城市读完了中学后,1558年5月入剑桥的约翰专科学校学习。相继获得了科学学士、艺术硕士学位,1569年又得到医学博士学位。同时他被接纳为剑桥科学协会的会员。

不久,他动身去欧洲大陆旅行,在欧洲获得物理学博士称号。

无论是在旅途中,还是在英国本土,吉尔伯特始终致力于医学实践,取得了巨大的成就,并普遍得了较高的声望。1573年,他被选为英国皇家学会会员,并担负了许多要职。1600年当选为该学会会长。由于他医学成就卓著,名传四海。1601年,他被任命为伊丽莎白女王一世的私人医生。

当他离开女王伊丽莎白后,伊丽莎白独自一人,沉思不语。她对自己的医生很满意。女王心想,"他的确医术很高,果真是名不虚传。用他做私人医生真是再好不过的人选了!"

然而女王觉察到,医生并不满意自己身处宫廷的生活。的确,吉尔伯特没有白花年俸100镑的薪水,他工作认真尽职,但却从不参加上流社会的活动。由于某种原因他总是躲避交际场合,他的大部分时间都是在他的住宅里度过的,那是宫廷拨给他作为女王私人医生的专用宅邸。特别是当她听到,有人说吉尔伯特在他的宅邸里进行某种神秘的试验,更使女王疑惑不解。女性的好奇与女王的尊严在伊丽莎白的内心深处斗争着、矛盾着,于是她坐立不安。假如派人监视,看他如何度过空闲时间,结果将会怎样呢?她知道,这样做不太好,还是自己亲行为佳。

于是,她击了一掌,吩咐走进来的宫女:"请赛斯尔勋爵立刻前来见我。"

宫女行完礼走了出去。赛斯尔·威廉·伯利勋爵似乎早就在门外恭候,立刻走了进来,他是国务秘书,也是女王信赖的顾问。

"早安,陛下。"赛斯尔行礼问候。他很关心女王的健康,当他听说最近几天来一直折磨着伊丽莎白的背痛已经好了之后,顿时表现出安稳的神态。

"是的,我的好吉尔伯特治好了我的病。"伊丽莎白说道,"但是,身为英国女王,我一定要注意本国的臣民,拯救

世界物理学的奠基石

他们的灵魂,关心他们的生活与敬神方式。"她的声音里突然间出现了一种庄严的语调。

赛斯尔勋爵听罢疑惑不解,感到心神不安,刚想问女王有什么旨意,可是话音还没有吐出唇外,伊丽莎白又说道:"您去通知吉尔伯特大夫,今天下午,我想让他给我看看他在家里都干些什么,告诉他,我亲自去看他。"

"陛下,我担心……"赛斯尔勋爵本想加以劝阻,但是,女王的决心已经下定了。

"去吧!"她简单的命令道,"不要忘了,今天下午您陪我去。"

不错,吉尔伯特在家里确实做着神秘的实验,当然是对女王伊丽莎白来说了!

吉尔伯特除医学实践之外,他还积极地进行自然科学研究。在电学与磁学现象的独创研究上取得了巨大的成就。他发现并仔细地描述了用天然磁石(磁铁矿石)摩擦铁棒,使铁棒磁化的方法。他又发现被磁化的金属丝处在向地球磁极方向偏转的位置上,如果铁在磁化之前经过锻造,这个效果就更强了。

他是一个出色的铁匠,而且还掌握了不少其他手工艺。这些条件使他能在崭新的实验基础上来研究磁力现象。例如,他发现铁在被烧得通红的情况下,其磁性就消失了。

吉尔伯特善于继承和发展前人的实验工作,经过自己实验得到了大量磁力现象，建立了重要的理论体系。他曾按照马里古特的方法，制成球状磁石，并在其上划出子午线，同时证明了表面不规则的磁石其磁子午线也是不规则的。他还证明了诺曼发现的磁倾角的存在。马里古特是13世纪的物理学家，他曾对磁石进行过大量的实验，后来诺曼在1581年出版的《新奇的吸引力》一书也记叙了他的大量有关磁现象的实验。诺曼曾发明过罗盘，发现过磁倾角，实验测定过磁力不具有重量，还得出过磁力只是一种定向力而不是运动力的结论。

他研究过地球磁场。为了进行这项研究，他使用了特殊的、自制的指南针，并得出了结论，认为地球本身就是一个大磁体，其磁极就在地极附近。

应该指出的是，吉尔伯特认为最强的磁体是罕见的、珍贵的天然磁铁，这一点是他在磁学研究中的宝贵贡献。他从事过各种电效应的研究，并发现不仅是琥珀，而且还有许多其他东西都可以摩擦生电。吉尔伯特在广泛的实验工作和理论研究的基础上，结出了丰硕的成果——《论磁体》。该著作共6卷，于1600年出版。它为电磁学的产生和发展奠定了重要基础，因而吉尔伯特被后人誉为磁学之父。

前面谈过，女王已派人到吉尔伯特宅邸送了圣旨，"下午女王要来亲临视察"。上午9时半吉尔伯特接到圣旨。

吉尔伯特如同往常一样，又到"赫姆普希尔双头羊"酒

世界物理学的奠基石

馆里同朋友们坐在一起,喝酒、用饭,畅谈科学中的许多问题。

吃过午饭,这群人坐在一起开始聊了起来。他们对吉尔伯特的实验都很关心。吉尔伯特是个快乐而真诚的人,他有许多朋友,其中有些人在当时颇有名气。其中有一位正与其他人亲切谈话的就是知名的航海家和旅行家费朗西斯·德雷克,另一位就是托马斯·卡文迪许。

从前,在吉尔伯特家里经常举行这样的联欢会,然而自他担任女王的私人医生以后,他不得不搬进宅邸,他们只能偶尔在某个小酒馆里聚会一下。

吉尔伯特击掌请大家安静。

"我的朋友们,"他半庄重半戏谑地说道,"最后,我向你们讲一讲关于我所得到的最大荣耀。"

朋友们你一句,我一句,顿时响起了喧哗的声音,其中一位笑着问道:

"什么荣耀,你的为人已是十分令人敬佩了。"

大家哄堂大笑。

吉尔伯特做了个让大家安静下来的手势。

"今天我接到了通知,午饭后大英女王要亲临视察,观看我的试验室。"

于是,震耳的喧笑声重新又传了出来。

"仁慈的女王伊丽莎白万岁!"

站在巨人肩上——从阿基米德谈物理学起源

"这可要庆祝一番!"有人喊了起来,"哎,老板,请再把酒拿来!"

这天下午,吉尔伯特的实验室里,不像往常那样寂静和凄凉,一些最显贵的人物都聚集在这里。伊丽莎白女王在桌旁上座就座,宫女们和贵族随员们簇拥在她身后。与吉尔伯特站在一起的是赛斯尔勋爵,为使视察进行得顺利,他负责安排好一切。

"这是磁体和琥珀。"吉尔伯特转身对女王说,"它们之所以享有盛名和光荣,是因为许多学者提过它们的名字。借助于它们,有些哲学家解释了各种秘密。好学不倦的神学家们在解释人类感情里的宗教秘密时,同样也常常依赖于磁体和琥珀。"

伊丽莎白女王是个非常笃信上帝的人,不高兴吉尔伯特过于大胆地涉及这个题目。因此,当吉尔伯特提到神学家时,她的脸色顿时发生了变化。

可是吉尔伯特并没有看到这一情景,继续说道:"而以伽林为首的医生们,就曾用磁体来解释过泻药的作用。但是,他们并不了解磁力现象的原因和所观察到的琥珀现象有根本的区别,而把这两种现象称之为引力。他们虽然将这些现象做了比较,但他们却始终迷惑不解。这就使他们进而再犯错误。"

吉尔伯特拿起一块琥珀,接着说下去。

世界物理学的奠基石

"琥珀在希腊语里是'埃列克特伦',经过毛皮的擦拭,它就开始吸引细小的草枝和干果皮。"

说罢,他立即将刚才所说的现象向来宾做了表演。

"我发现不仅琥珀有这种特性,许多宝石、硫黄、玻璃,甚至火漆也都具有这种特性。"

吉尔伯特拿起一根玻璃棒,将它擦了几下,于是干草枝和果皮屑都顺从地从桌子上蹦到了玻璃棒上。

来宾看到这奇异的现象,不由得鼓起掌来。显然,他们都在期待看别的奇迹!只有女王对此试验的兴趣不大,指着桌子上的手稿,要求吉尔伯特念给她听。

"德玛格耐特,玛格耐提西斯克……"吉尔伯特开始读起来,但女王打断了他的话。

"得了吧,亲爱的吉尔伯特!拉丁语并不使我感到悦耳,你最好还是用我们古老的、中听的英语给我讲讲吧。"

当吉尔伯特接下来讲述他的实验时,女王则回忆起了往事……

在议院首次会议之前,她曾颁布过指令,要求在祈祷仪式中只能讲英语以代替拉丁语。同时,她还带领臣民们用英语祈祷。她制定了新教教会的教规,而她本人则是新教的首领。

是的,正是因为这个原因,在吉尔伯特解释他的试验的时候,来宾们都兴奋异常,而女王却默不作声。

吉尔伯特结束了演讲后,躬身行礼。来宾们都纷纷准备退席。可女王伊丽莎白却在椅子上一动不动地又坐了好一会儿。

"您知道吗,亲爱的吉尔伯特!"她沉思着说道,"您这本书如果是用拉丁文来写,那反倒更好。我觉得没有必要让更多的人来了解这一切事情……"

当然,吉尔伯特通过实验驳斥了许多迷信的说法,动摇了神权的统治。女王不会赞同的。可是,由于他医学水平较高,女王也只好对他的创举默然不语。

吉尔伯特终生独身,但是他与科学却结成终身伴侣。他除了研究医学、化学和磁学以外,还研究了天文学,并置身于第一批以新的、革命的观点来宣传地球和天体运动的英国科学家之列。

他在宇宙结构的问题上,详尽阐述了大胆的见解,他接受了哥白尼的观点,是英国教会们认为第一个接受哥白尼观点的"异端分子"。他认为,星球与地球之间的距离在不断的变化中。假如在吉尔伯特时代的2000年以前,毕达哥拉斯虚构的天球最终被证明是不存在的话,那么首先推测出什么力量使行星保持在它们的轨道上的是吉尔伯特。他认为使行星保持在其轨道上的力量是一种磁性引力。

1603年3月,伊丽莎白女王一世死后,吉尔伯特又成为詹姆斯一世的私人医生,可是9个月后,即1603年12月10

世界物理学的奠基石

日,这位学者在科尔切斯特城因染鼠疫而暴卒。

吉尔伯特在临终之时,将自己的私人图书馆、地球仪、仪器和矿石标本全部遗赠给皇家医学学会的一所医科大学,遗憾的是后来在一场大火中,这些遗产全被烧毁。

名句箴言

我是你的,我的祖国!都是你的,我的这心、这灵魂;假如我不爱你,我的祖国,我能爱哪一个人?

——裴多菲

开普勒发现行星运动三定律

17世纪初期,正当伽利略使哥白尼学说声威大震之时,欧洲大地上传出了一条特大新闻:德国天文学家约翰内斯·开普勒发现了行星运动的三大定律,使哥白尼创立的"日心说"从科学上向前推进了一步。

开普勒是文艺复兴时期的德国天文学家,他是哥白尼以后的第二位天空使者。1571年12月27日生于德国符

世界物理学的奠基石

腾堡的小城魏尔,他的诞生使哥白尼创立的"日心说"又增加了一位发展者,正是他后来的发现架起了哲学和科学的桥梁,点燃了"万有引力"发现的导火线。开普勒幼年时,贫寒的家庭无力供养他上学,一直靠奖学金求学。开普勒进入图宾根神学院后,特别是当他的老师米夏埃尔·马斯特林教授常常在演讲中提到哥白尼,使他崇拜、神往,开始学习哥白尼有关于天体运行的理论和著作。

1754年,开普勒被推荐到奥地利格拉茨教会学校任数学教师。这时政治局势已显露出变化的端倪。一场反宗教改革的运动早已在巴伐利亚掀起,士的里亚这个格拉茨教会学校的所在地显得格外平静。事实上,教会派别之间的内部思想斗争却是越来越激烈。耶稣教团成员和新教牧师相互责难,议论纷纷,使这位天性和平的人感到厌倦。于是他便专心研究写作《宇宙的奥秘》。他不倦地研究了天文学的三个问题——"行星轨道的数目,大小及运动"。1595年7月19日,他终于得到了伟大的发现:"可用地球来度量所有其他轨道。一个十二面体外切地球,这十二面体就内接于火星的天球。一个四面体外切火星轨道,这个四面体就内接于木星天球。一个立方体外切木星轨道,这个立方体就内接于土星天球。现在把一个二十四面体放入地球轨道,外切这个二十四面体的天球就是金星。把一个八面体放入金星轨道,外切这个八面体的天球就是水星。"他马上着手阐明这一想法，写成《宇宙的奥秘》初稿。为了出版这本小册子，他费尽心机。当时的开普勒在学术界默默无闻，还是小字辈，出版商都不相信他。所以只好返回符腾堡求助老师马斯特林教授。1596年，这本书终于出版了，并载入了法兰克福书目之中。但书上印着的不是"开普勒"，而是"勒普劳斯"，这使开普勒的苦恼接踵而生。

家庭生活的不幸，小女儿的夭折，在科学领域中也见不到多少曙光，经常受到占星术思辨苦恼的折磨，开普勒百思不解，陷入悲愤痛苦之中。黑暗中，突然一线希望之光照射在他的头上：他被丹麦大天文学家第谷·布拉赫请到布拉格鲁道尔夫二世的宫里。早在1597年第谷就曾邀请过这位年轻的素不相识的地方数学家到万斯贝克去，那时开普勒正在那儿逗留。在这之前，开普勒曾把自己的早期著作《宇宙的奥秘》寄给他。现在第谷又以亲切的言辞重复了他的邀请，并要给开普勒以友谊和帮助。"我并不是因为您遭受厄运而请您来此，而是出于共同研究的愿望和要求请您来此。"他在信中写道。确实，开普勒早就等待这第二次邀请了。这两位科学家不谋而合的思想，终于使开普勒与第谷相会，前者成为后者的助手。

开普勒和第谷的会面乃是欧洲科学史上最重大的事件。这两位个性殊异的人物的相会，标志着近代自然科学两大基础——经验观察和数学理论的结合，正是由于这两

世界物理学的奠基石

位科学家的融合,取长补短,才使开普勒在浩渺的宇宙中,发现了行星运动的三大定律。

开普勒的《宇宙的奥秘》在纯先验思辨的基础上推导出了宇宙的结构,而第谷的功劳则主要是经验方面,不是在理论方面。第谷的宇宙体系是介于托勒玫体系和哥白尼体系之间的折中体系,他把地球设想为月球轨道和太阳轨道的静止中心。其余的五个行星则围绕太阳旋转,这一体系在天文学史上没有什么重要的价值。重要的是他进行了几十年之久的精密天文观察,他的技术在当时是相当高超的。在观测、研究星空方面得到国王的支持和赏识,出重金在哥本哈根和赫尔辛基之间海峡的赫芬岛上,为第谷建立了当时世界上最大、最先进的观天堡。可是他不知道怎样正确地使用这些财富。第谷虽不同意《宇宙的奥秘》中的"日心说",但他十分钦佩开普勒的数学知识和创造天才。

1600年2月的一天,正当第谷坐在贝那特克宫中盼望他未来助手时,忽然闻讯开普勒到达布拉格的消息,他真是喜出望外。皇帝恩赐给第谷的贝那特克宫离布拉格仅有8公里左右,开普勒心急如焚。2月4日晚上开普勒到达贝那特宫,两个性格完全相反的人共同生活,朝夕相处,谈何容易,免不了要发生争执和不愉快。好在他们有着类似的命运,是命运把这两个当时最伟大的天文学家联结到一起的。布拉格不但是开普勒的避难地,也是第谷的避难地。

第谷是被人从赫芬岛上驱逐出来的,他的施主丹麦王弗里德里希死后没有几年,他就不得不离开那儿了,只救出了他的极其珍贵的仪器,而为了观察星星所建立的巨大建筑物不是被拆除,就是倒塌得狼狈不堪。这件事使他很快就变老了,开始用疑惑的眼光来看待周围的环境,不愿意公布他的天文观察记录。他是位顽固专横的师傅,要求助手绝对服从他,这一点开普勒是很难做到的。

求知欲极旺的天才——开普勒,极想把第谷确定了的行星轨道的正确数值和他自己设想的模型对照一下,但第谷最初并不想让他真正地分享他的成果。只是有时在谈话中他才偶尔漫不经心地谈到一些无关宏旨的事情,"今天他提到了一个行星的远地点,明天提到另一个行星的交点。"直到开普勒立下字据,保证严守秘密时,他才得到了火星的观察数据。于是,开普勒夜以继日地研究,希望得到一个幸运的结果,他知道,只有这样才能得到别的观察数据。然而,要想实现一个愿望可不是易事,必须付出相当大的代价。他经年累月,不知度过了多少不眠之夜,终于完成了火星的理论研究,改变了整个天文学。正是这颗行星的运动使他最后探索出了天体的秘密,要不然他可能永远也解不开这个谜。从此使开普勒放弃了关于行星做圆周运动的旧思想,主张它们是在椭圆轨道上运行,太阳则位于这些椭圆的一个焦点上。

世界物理学的奠基石

开普勒逐渐适应了第谷的性格,这个比第谷小25岁的年轻人,一直受到贫困的袭击,始终为自己的温饱奋斗。开普勒得到了第谷的关怀,在开普勒病倒的时候,第谷派人给他送钱,帮他及时就医。不久后,第谷筹划了一项大规模的计划,他想和开普勒一起开始着手大规模的天文计算工作。事实上,这项工作是应该确定行星的运行,但为了尊崇皇帝,便命名为《鲁道尔夫星行表》。

这时,第谷在短期重病以后突然离开了人世。第谷临终前对开普勒说:"我一生都在观察星表,我要得到一种准确的星表,我的目标是一千颗星……我希望你能把我的工作继续下去,我把我的一切资料都交给你,愿你把我观察的结果发表出来,你不会使我失望吧?"开普勒含泪站立在第谷的床前,沉痛地说:"我不会!"开普勒知道应该怎样感激这位老人。开普勒没有使第谷失望,1627年,《鲁道尔夫星行表》便在乌尔姆出版,第谷的名字载入了科学史册。

第谷逝世后,皇帝顾问巴尔维茨前来看望开普勒,并根据皇帝的命令委派开普勒管理已故丹麦天文学家的仪器和未竟事业。这对开普勒来说,是接任了皇家数学家的职务。他利用第谷留下的大量的天体观测资料,进行了仔细的分析研究。火星轨道的计算使开普勒的研究方法发生了根本性变化。

过去他是空想宇宙体系的结构,现在他"汗流浃背,气喘如牛地跟踪着造物主的足迹"，就是说把研究倒了个儿，依靠天体来研究几何学。从此他开始设想建立一种没有假设的天文学。

当时，不论是地心说还是日心说，都认为行星作匀速圆周运动。但开普勒发现，火星并非作匀速圆周运动。经过4年的观察和苦思冥想，他发现火星的轨道是椭圆形，于是得出了开普勒第一定律：火星沿椭圆轨道绕太阳运行，太阳处于两焦点之一的位置。随着火星椭圆形轨道的发现，火星运动的计算开始全面展开。开普勒通过计算发现，火星运动的速度是不匀的，当它离太阳较近时运动得较快，离太阳远时运动得较慢，但从任何一点开始，向径（太阳中心到行星中心的连线）在相等的时间所扫过的面积相等。这就是开普勒第二定律（面积定律）。但是，开普勒关于火星运动的著作《新天文学》在历尽艰辛和迟延以后，直到1609年夏天才印刷出版。该书还指出两定律同样适用于其他行星和月球的运动。这本著作是现代天文学的奠基石。

然而，早已放弃了自己天文学野心的皇帝顾问滕格纳尔却没有认识到开普勒的伟大成绩，就连当时一些著名的天文学家也是这样。开普勒看到他的著作遭到了许多人的轻视和误解，便保持沉默。他丝毫没失去信心，把一切希望都寄托在另外一个追求科学真理的人身上，这个人的有力评价对开普勒的这两大定律能够得到世人承认是至关重要的。他就是帕多瓦大学数学教授伽利略。早在格拉茨时,开普勒就想和伽利略建立联系,他把《宇宙的奥秘》寄给了伽利略。那时,伽利略就觉察到他是哥白尼宇宙体系的信徒和保卫者,认为开普勒是他"探寻真理的一位朋友"。

1610年3月15日,皇帝顾问瓦克尔·冯·瓦肯费尔斯坐车经过开普勒的寓所。"开普勒!"他坐在车上喊,"伽利略在帕多瓦用一个双透镜望远镜发现了四颗新行星。"开普勒十分激动。不久后,他就得到了伽利略发现的详细情况。当他得到《星球的使者》后没有几天,就起草了一封祝贺信回敬给伽利略。此后,开普勒一再努力终于得到了一架望远镜,使他能够用自己的眼睛来检验伽利略的发现。他把观察结果写进了一本小册子《论木星卫星》,为伽利略的发现提供了最好的旁证。

1619年,正当世界历史迈出不可抗拒的一步的时候,科学也向前推进了一个阶段。德国乃至欧洲爆发了流血战争,宗教战争一直持续着,科学和神学的斗争也时刻没有停止。正是这年,开普勒著成《宇宙谐和论》。这部著作凝聚着他10多年的心血,以及长期繁杂的计算和无数次失败。它不仅是第一次系统地论述了近代科学的法则,而且也完成了古典科学的复兴。它标志着天文学发展到了新高峰,使开普勒创立的行星运动的第三定律(周期定律),即行星绕太阳公转运动的周期的平方与它们椭圆轨道的半长轴的立方成正比的理论得以问世。同时,它也宣告了宇宙的和谐和世界的和平,是一部反对战争和热爱科学的伟大思想作品。

开普勒创立的行星运动的三大定律,使天文学进入到一个新的阶段,为牛顿发现万有引力定律打下了基础。

然而,这位伟大科学家一生是在经济困苦和操劳跋涉中度过的。1630年11月15日,他在贫病交困中寂然死去。在他墓前的石碑上写道,"我欲测天高,现在量地深。上苍赐我灵魂,凡俗的肉体安睡在地下。"这是开普勒离开世间前写的两行诗。

世界物理学的奠基石

名句箴言

自我控制是最强者的本能。

——萧伯纳

真空鼻祖托里拆利

7 世纪 30 年代,抽水机已在工农业生产上得到了广泛的应用。但当时人们还不知为什么抽水机只能把水升到 10 米以内的高度而不能再升上去了。那时采矿业发展较快,人们急需把较深矿坑中的水抽上来,于是矿主纷纷聘请最好的技师来改进抽水机。但不管技师多么高明、多么努力,抽水机始终不能把超过 10 米深的矿坑中的水抽到地面上来。

为此，一个名叫巴安尼的机械师就去请教大物理学家伽利略："为什么虹吸管在跨越了比较高的山坡后竟不能工作？为什么抽水机不能把超过10米深的矿坑中的水抽上来？空气是否有重量？真空是否存在？"对这一系列问题，伽利略没能给出满意的解答。

对这一系列问题给出满意解答的是伽利略的助手，年轻的物理学家、数学家伊万杰利斯塔·托里拆利。

托里拆利于1608年10月15日出生在意大利的法恩茨，幼年时期就成了孤儿。他的叔父是个学识丰富的修道士，在他的教育和影响下，托里拆利逐渐对科学产生了兴趣，对科学实验充满了热情。

1627年，托里拆利18岁时，著名数学家、学者，伽利略的朋友穆尼迪托·卡斯特里把他收为学生。年轻的托里拆利爱好极为广泛。他研究数学和力学，磨制望远镜和透

托里拆利

世界物理学的奠基石

镜,证明如何用小玻璃球来提高放大倍数。这些放大镜,在100年以后仍然深受科学家的赞扬,并在微生物界促成许多重要的发现。

1638年,托里拆利阅读了伽利略的著作,受到很大启发,于是自己动手撰写有关机械学的文章。1641年他发表了论文"重体运动论",3年后又出版了第一部专著《几何学论》。在这部著作中,托里拆利运用伽利略自由落体定律解释了液体从薄壁容器的孔眼中流出的现象。他证明了液体从孔中流出的速度与容器中液体水平面处于同一高度的自由落体的速度相等,后来,这一关系式发展成著名的托里拆利公式。此外,他还发现从容器侧壁的孔里流出的液体流具有抛物线的形式。这些发现奠定了水动力学的基础。

1639年,卡斯特里将托里拆利介绍给伽利略,他随即成为伽利略门下一名勤奋的学生。遗憾的是,这时伽利略已经年迈,还受着宗教势力的迫害,双目已经失明,尽管他指出了比重不同的液体,用抽水机提升的高度不同,但是其原因,他没能给出圆满的解答。在此基础上托里拆利决定用水银代替水柱,并且观察水银平面所停止的高度,使他步入了发现大气压力的大门。

1642年,伟大的科学家伽利略逝世,许多科学家、热爱科学的人们都以无比沉痛的心情参加了葬礼……

葬礼结束了,人们纷纷散去,托里拆利同维威安尼沉思着往回走,老师,一个伟大而亲近的人——伽利略大师离去了……

这一切都仿佛是近在昨天的事。当时,巴利安尼机械师在他那挖得特别深的一口新井上遇到了麻烦。抽水机无论如何也不能把水提到地面上来。伽利略当时对他说:

"水不可能升到比20个下臂(下臂为半米)更高的高度上来,甚至连20个也不到。'真空恐怖'有自己的界限……"

从前的书本上早就讲过,自然界不能容忍真空,自然界尽力去占领所有能够出现没有空气的空间,这是造成"真空恐怖"的实在原因。抽水机能从井的深处把水流出来,就是用这个道理来解释的。当抽水机的活塞上升时,它就应把水带上来,以使它的下面不致出现没有空气的空间——真空。

"你们应当,而且是务必要把这个问题弄清楚。"导师的话在他们的耳边响起,"管子里的水只能提高到大约18个下臂长的高度,为什么就不能再高了呢?"

"真是的,怎么不能呢?"维威安尼大声地说出了自己的想法,"如果是'真空恐怖'造成的话,那么为什么只是在这个范围里起作用呢?"

"开始时,先要准确地定出由于活塞运动流入管子里的水柱的高度。"托里拆利接着说,"这需要有透明的管子,最好是玻璃制作的"。

"这可太复杂了,要制造出那么长而且又一样粗细的管子,让活塞能在里面移动,这可是太难办到了。"

"需要找一个技术高超的吹玻璃的师傅谈谈"。

"也许,可以在铁管上做一个小玻璃窗。"

"不,不,这是多余的。"托里拆利突然转身对维威安尼说道,"这个办法靠不住。如果水进入管子靠的是'真空恐怖',那么,只要将管子的一端封住,为了不形成没有空气的空间,水就不会从管子里流出来。譬如,用一个装满了水的锅,将它底朝上地翻过来,而敞开的一面始终放在水下,那么,锅里面的水就不会流出来。"

维威安尼点了点头说道:"懂了!您想使一端被封闭的管子里盛满水,然后再像锅一样地翻过来,是吗?"

"对!自然界如果不能容忍真空,那么,所有的水就应该肯定都留在管子里。如果水位下降……"

"您认为它会下降吗?"

"伽利略大师说,水只能升到18个下臂长的高度,这话您听说过吧?要是水下降到这个高度就停止,那么这就是个明显的标志,说明'真空恐怖'作为规律,只能达到这个界限,或者是……"

"或者是什么?"

"或者并不是'真空恐怖',而是别的东西把水赶到了管子里。"维威安尼拍了下自己的额头。

"需要把管子翻过来！但是,这您怎么能做到呢？要知道管子的长度至少需要 20 个下臂长呀！您得爬到教堂的钟楼上去。"

"那又怎么样？我们的导师伽利略能在比萨塔上丢下石头,我们怎么不可以爬到某个塔上去进行水管的实验呢！"讨论中忘却了悲痛,他们不知不觉地回到了城里。

"你们好！"巴利安尼向他们喊着,"老天爷真是不长眼,他怎么把你们的老师召去了,这下子我再也无法知道水为什么不能从我的井里抽出来啦。"

"您不知道？我们应该知道！"维威安尼激动起来,"明白吗？应该知道！"

"谁？"巴利安尼惊奇地问。

"谁？谁？当然是我们。"

维威安尼慷慨回答,托里拆利也加入到谈话里去了,但温和的语气显得十分谦虚。

"巴利安尼师傅,"托里拆利坚定地说道,"死神把伟大的学者带走了,但是科学会更加向前发展。可能我们很快就会知道,是什么原因使水留在 18 个下臂长的高度。"

"你们能弄清楚吗？"巴利安尼毕恭毕敬地问道。

"很可能……"托里拆利的精神突然振作起来,"朋友,我们不需要那么长的管子。可以很简单地来做这个实验！

世界物理学的奠基石

走吧！走吧！"

于是，他拉着维威安尼急急忙忙地离开了巴利安尼。

巴利安尼看到地面在他们的脚下燃烧了起来，扬起一股尘土，一会儿就看不清他们的背影了。这时巴利安尼耸了耸肩膀，喃喃自语道："这些疯魔……"

不错，科学家之所以能够有所发明，就是因为他们迷恋于科学。在普通人的眼里他们确实像一个"疯魔"。

维威安尼好奇地到处看了看比自己年长的同学，而托里拆利则径直回到了自己寝室。他坐到椅子上，捋着短短的、剪得很漂亮的胡须，陷入了如何进行这项研究的沉思之中。

"就这样。"他最后说道。

"什么，大师？"维威安尼问道。他不自觉地这样称呼起来，就像以前他称呼伽利略那样。托里拆利听到这一声音，回头一看，原来维威安尼已经回来坐在他的屋里，可是由于他集中思考却没有发现他什么时候闯进了屋中。于是，他们又讨论起来。

托里拆利说道："空管子里的水在18个下臂的高度上停下来。可是，如果要用较重的水呢？……"

"较重的水？"维威安尼问道。

"是的，像水银，它要比水重13倍！因此，它的柱高可能比水柱低13倍。在这种情况之下，有不到两个下臂长的管子我们就够用了。"

"可是,您为什么认为水银进入管子会比水低得多呢?"

托里拆利哈哈大笑。

"我是这样设想的,"他回答说,"我们应该先确定怎样使水银升高。然后我再给你解释我的想法。让我们来看一看,'真空恐怖'是不是不容置辩的规律。"

几天后,维威安尼开始做这个实验。他小心翼翼地拿起一个玻璃管,将水银一滴一滴地充满了管子。然后,他把管子底朝上翻过来,固定在盛有水银的小盆里。接着他又换了大小不同的管子做了起来……

有一天,维威安尼满面春风地迎接着旅行多日、刚刚归来的托里拆利。一见面,他就将他多日的实验结果告诉了托里拆利。

"大师,您的推测被证实了。我照您所说的,拿一根有两个下臂长的玻璃管,盛满了水银,将它倒过来,使开口端低于盆中水银的表面,管子里的水银柱下降了,一直保持在同一个高度上,是28英寸(71.11厘米)。后来,我又用水银灌满别的管子——大的、小的、粗的、细的,在短的管子里,它差不多并不向外溢,在长管子里,正如我刚才讲过的那样,它保持在同一个高度上。"

他指了指标在管子上的同一高度线。

托里拆利捋着胡子,仔细地察看着这一切。

世界物理学的奠基石

"那么,液柱的高和它们的密度成反比,水是处在18个下臂长的地方,而水银则在28英寸上。在液柱的上方,也许确有真空空间存在。"

"而'真空恐怖'……"维威安尼开始似乎有点犹豫,但在托里拆利的目光鼓舞下,终于说了下去,"'真空恐怖'并不存在!大自然不惧怕真空!然而……"他停顿了一下,"然而,那样一来,是什么东西把水赶到管子里的呢?"

托里拆利凝神注视着他。

"空气。"他平缓但又非常肯定地说,"在我们周围的空气压迫着水的表面,其力量使水柱停在18个下臂长的高度上,如果用其他液体,则液柱高度随着液体本身的密度而变化。"

"空气!"维威安尼叫了起来,"不是'真空恐怖'驱使液体进入管里,而是空气压迫在它的表面上。"

托里拆利沉思不语地站着。

"你们应该,而且务必把这个问题搞清楚……"他耳边又响起了老师那有点儿颤抖的老年人的声音。

"是的,大师。"最后,他说道,"我们把这个问题搞清楚了。"

不久,托里拆利又设想出一个新的具有决定意义的实验:

在长为1米,一端封闭的玻璃管内装满水银,用手指封住管口将玻璃管倒立于水银槽内,然后放开手指,则原来达到管顶的水银将下降到高于槽中水银面的某一高度。即为76厘米,玻璃管中水银柱上面的24厘米的小空间即可视为真空。这是人类首次有意识的造成的真空状态。从而证明了空气确有重量,真空确实存在。这一真空被称为托里拆利真空,托里拆利被誉为"真空的鼻祖"。

托里拆利在他老师伽利略去世后,不仅完成了老师委托的研究事业——发现大气压力,而且还证明了真空的存在,因而被选为宫廷数学家。

托里拆利正确地解释了真空的实验,批驳了幻想出来的"真空恐怖"之说。早在亚里士多德时代就存在着一种自然界惧怕真空的说法。例如:水随着抽水机的活塞上升、毛细管现象等等,都是解释这一说法的根据。托里拆利证明造成这些现象的原因是大气压力,真空可以制造出来。这一发现对宗教神学给予沉重的打击。

可是,这位伟大的科学家年仅39岁就离开了人世。他的一生虽然短暂,但他的名字却是永垂不朽的。在他的故乡,人们为他树立了纪念碑,以表示永久的怀念。后来人们为纪念他的伟大发现,压力的单位定为托里拆利。

世界物理学的奠基石

第谷的一生在天文观测方面所取得的成果,为近代天文学的发展奠定了坚实的基础对于哥白尼、伽利略的名字人们已经耳熟能详了,但提起丹麦天文学家第谷也许还不太熟悉。第谷在天文学发展史上作出了重大贡献,是近代天文学的奠基人之一。

1546年12月14日第谷生于丹麦的克努兹斯图浦的一个贵族家庭。从小就喜欢观察天上的星星。1559年进入哥本哈根大学学习法律。1562年入莱比锡大学。1563年8月他作了第一个天文记录——木星和土星。1565年以后,到欧洲许多地方游学。1572年11月11日他发现在仙后座里出现了一颗新星。经过长期观测,他认为这是一颗十分遥远的星(现已测知是银河系的一颗超新星)。1576年在丹麦国王弗里德里赫二世的资助下,他在赫芬岛上建立了一所宏大的天文台。1600年,他邀请开普勒来当助手。1601年10月24日第谷逝世。在最后的日子里,他将自己生平积累的观测资料赠给了开普勒。

中国古代物理学

名句箴言

不学而求知，犹愿鱼而无网焉；心虽勤而无获矣。

——葛洪

人类文明的进步
——人工取火

根据考古学家考证,地球上最早学会利用火的是中国的古人类。他标志着人类支配自然力的伟大开端是对火的利用。从被烧过的灰烬和兽骨的遗址中可以判断,早在距今 170 万年前的元谋人时代就已经开始用火来烧烤食物。

人类一开始使用的是天然火。至于人类从什么时候开始掌握人力取火的技术,现在已经无法考证。在韩非子的《五蠹》以及其他许多中国古籍中都提到过燧人氏钻木取火的事迹。虽然燧人氏只是神话中的人物,但它至少证明了中国古代远在春秋战国以前已经就发明了钻木取火的方法。

据专家考证,最早的钻木取火的方法可能是这样的:人们将一根山麻木弄成扁平的形状,然后在上面刻上一道浅的凹穴。再用另一根山麻木当棍子,人坐在地上,双脚踩住扁平的山麻木板,把棍子一端按在凹穴上,双掌握住来回搓动。这样棍子末端与木板结合处发生剧烈摩擦,产生许多木屑,并因摩擦而生热,等碎木屑热到一定程度就会产生火星点燃木板旁易燃的干草或木屑粉,燃起火焰。

钻木取火是最古老的取火方法,在我国海南的黎族人和西南地区的古葱族人直到解放前还在沿用这种取火方法。

钻木取火是最原始的取火方式。在春秋战国时期,随着铁器的出现,古人开始使用火镰火石来取火。火镰火石取火的道理与钻木取火的道理相同,用铁制火镰敲击坚硬的燧石,因摩擦使剥落的铁屑受热而表面氧化,生成火星,火星落在易燃的纤维上,就产生了火焰。

随着技术的进步,我们的祖先进懂得了利用太阳取火的方式——阳燧取火。阳燧是用铜制成的凹面镜,利用太阳光照到阳燧的凹面反射,聚集到焦点上,时间久了便会使放在焦点处的易燃物燃烧。

人工取火技术的发明是人类历史的一个巨大进步。由于人类掌握了火的使用,除了可以驱兽逼寒外,还可以烧烤熟食,这不仅可以减少疾病的发生,缩短消化过程,而且增加了丰富的营养,促进脑髓的进一步发展。火是人类最早支配的自然力,火的使用宣告了人类茹毛饮血的历史的结束,把人类向文明的征途上推进了一大步。

名句箴言

勿以恶小而为之，勿以善小而不为。惟贤惟德，能服于人。

——刘备

中国最早的元素论——五行学说

物质是由元素构成的。在我们生活的自然界里，存在着种类繁多的物质。我们知道，所有的物质都是由元素组成，只是他们的组成结构不同而已。早在3000多年以前，在古老的中国，就已经有了朴素的元素论思想，即"五行"学说。

"五行"学说认为宇宙万物都是由金、木、水、火、土这五种简单的元素构成。在出土的殷商时期的一些我们能辨认的甲骨文中,经常可以见到"土""木""水""火"这些文字。《尚书·大传》在《尚书·洪范》中记载商代遗老箕子在西周初年曾对周武王姬发说过:"……五行:一曰水,二曰火,三曰木,四曰金,五曰土。水曰润下,火曰炎上,木曰曲直,金曰从革,土曰稼穑。"在这里,他不仅认为自然界这五种东西是日常生活不可缺少的,并将它们的性质和作用作了概括地说明。到了西周末年,这种思想得到了进一步的发展,人们认为这五种物质是构成其他物质的基础。据《国语·郑语》记载,太史官史伯与郑桓公说:"夫和实生物,同则不继。以它平它谓之和,故能丰长而物生之。若以裨同,尽乃弃也。故先王以土与金、木、水、火、杂以成百物"。史伯这段话,明确地把金、木、水、火、土看成是构成世界万物的五种基本元素,并指出只有不同的物质放在一起,才能产生新的物质,所以只要把金、木、水、火、土这五种元素杂合起来就能产生成百上千种物质。

中国的五行学说还包括了"生克论"的思想。"生克论"的产生至少在《孙子》和成书之前。古人从水能浇灭火、火能熔化金属、金属工具能加工木材、树木能破土而出、土能筑堤防洪等现象中总结出了"五行相克论",即:火克金、金克木、木克土、土克水、水克火。古人观察到柴草能烧火、火烧完后的余灰变成了土,地下能采掘出金属矿石,金属器皿容易凝结露水、水分能让草木充分生长等现象,并由此得出了"木生火、火生土、土生金、金生水、水生木"的关系,即五行相生论。

春秋时代的齐国兵法家孙武在他著的《孙子》里提出"五行无常胜"的观点来驳斥"常胜论"。《墨经》中也有类似观点。墨家还根据农业生产的经验,从水分、土壤、阳光对植物生长的必要性,总结出植物生长的化学本质是:水+土+火生长木;其逆反过程即燃烧的本质是:木燃烧水+土+木。这可以称得上是世界上最早的化学反应思想。

中国古代的元素说不仅具有朴素的元素观念,并且具有物质转化的观念。与之相比,在古希腊公元前六世纪到五世纪才产生了类似的元素学说。因此中国古代的元素论,是最早的关于世界物质组成的学说,同时也是中国古代先进生产技术思想的反映。

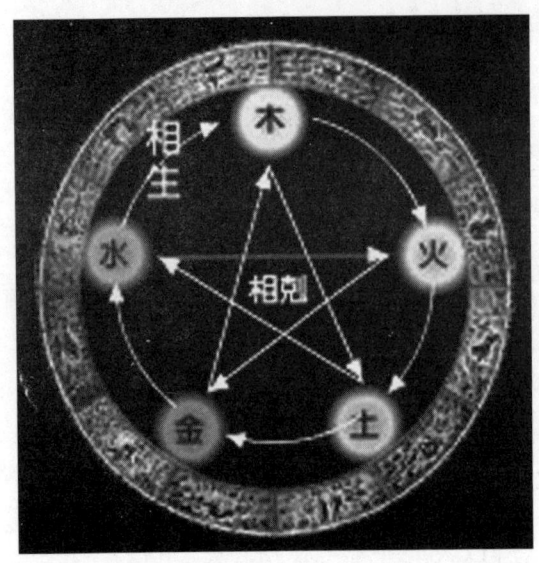

五行学说

名句箴言

那些背叛同伴的人，常常不知不觉地把自己也一起毁灭了。

——伊索

中国最早的元素论——端

李约瑟，著名的科学史专家。他曾指出一切文明古国都可望独立地产生原子论基本观念。当然，中国也不例外。远在公元前4世纪，差不多与古希腊同时，在中国也产生了类似古希腊的原子论思想。在中国最早提出原子论思想的就是墨家的创始人——墨子。

在争论天地万物始于有还是始于无的问题上，墨家反对老子提出的"天地万物生于有,有生于无"的思想,认为天地万物不能生于无形无状之物,只能生于有形有状之物。墨家提出"端"的概念作为天地万物的始原。《经》第六十二条中说:"端,体之无序(厚)而最前者也"。《经》解释说:"端:是无同(间)也。"意思是说,端就是组成实体物质的一种体积极小("无厚")的、最原始的微粒,而这种微粒是不再有内部间隙的,所以是不可分割的。端的定义,实际上与古希腊的"原子"定义一样。

《经》第二条说:"体,分于兼也。"这里兼是整体,总体,全体。体即个体,个别,部分。意思是说,个体是从整体分出来的。这指出宇宙是一个统一的整体,任何事物都是其中的一部分。世界上形形色色的物类是从整体分出来的。

墨家认为,宇宙由充实和空虚构成,也认为宏观充实物体是由"端"即原子构成,不同种类的"端"互相结合产生世界上形形色色的物质。墨家还把虚实结合的宏观世界结构推广到微观世界里去,提出一种麻纱模型来描述微观物质结构。他们将有宏观间断

墨子

的宏观连续物体描述为"有间",而将无宏观间断的物体描述为"无间",并认为宏观连续物体内部仍然有微观间断,就像粗看起来结构紧密的一根麻纱,实际上在它们的纤维之间有空隙一样。

  中国古代朴素的原子论在产生的时候由于墨学的显要位置而是一种重要的理论。但是由于《墨经》自汉代以来就没有人重视,没人钻研,所以中国的原子论到两晋后就被淹没而不为世人所闻,因而没有得到进一步的发展。

名句箴言

社会犹如一条船,每个人都要有掌舵的准备。

——易卜生

力学在中国古代的应用

人力和自然力的总称是原动力,其中自然力包括畜力、风力、水力和热力,在人类产生之前这些自然力就已经存在于地球上了。正是在对原动力的利用过程中,产生了中国古代的力学萌芽。

中国古人很早就开始使用自然力了,而使用是最早的力是牲畜力。当车发明以后,人们第一个想到的就是要利用牲畜来拉车,车的出现远在夏商之前,可见牲畜力的利用历史是如何悠久。在河南安阳小屯第十三次发掘中,曾发现一辆驾四匹马的战车的遗迹,以及马车的器具。由此可以断定,至少在殷商时代,中国就已经能够制作比较高级的马车了。从远古到春秋,牲畜力除了用来拉车、驮载以外,还用于耕田以及农作物的加工等。春秋以后,除了拉车、驮载之外,牲畜力还广泛应用到炼铁鼓风、盐业汲卤、纺织业纺纱等各方面。

在甲骨文和不少史书中都可以找到关于风向仪的记载,由此可见,中国古代在很早就开始了对风力的利用。风力常用于弥补人力的不足,史书记载帆是夏禹的发明,这至少证明商朝就已经有了用帆的船,开始利用风力来行船了。春秋以后,还有人发明了风轮能把直线吹来的风加以控制,使一个轴发生回转运动,以完成种种工作。

中国的古人除了利用水的浮力进行船舶运输外,还利用水力能控制流量的道理设计了计时器刻漏。据《周礼·夏官篇》记载,刻漏在周朝以前就已经投入了使用,并有专门长官漏壶的官员叫挈壶氏。挈壶氏在壶底中央或壶侧面装上一个小管,使壶中的水一滴一滴的下堕,以此作为记时的漏壶,来指挥哨兵向人们报时。

在古代,人们使用最多的原动力还是他们自身。人们在劳动中,对物体的推、拉、举、持、掷、击等,都需要直接使用人力。随着生产实践的发展,人们逐渐学会了能够制造一些可以省力或便于用力的工具,即简单机械。简单机械的发明是人力利用的第一个进步。根据史书中的记载,中国古代发明的简单机械有尖劈、杠杆、辘轳、弹力工具等等。

在北京猿人时期,古中国人就开始使用石制的尖劈。在春秋时期,由于冶铁技术的发展,在生产工具、生活用具或兵器中,铁制尖劈使用已经非常普遍。

中国古代关于杠杆的记载以衡器为最早。从《吕氏春秋·古乐》中的记载可以得知,中国早在四千多年之前就已经有了天平。迄今出土的天平,最早的是两千多年前秦代的制品。中国古人对杠杆的另一利用是制作桔槔等灌溉或汲水用的工具。桔槔是在一根竖立的架子上加上一根细长的杠杆,当中是支点,末端悬挂一个重物,前段悬挂水桶。当人把水桶放入水中打满水以后,由于杠杆末端的重力作用,便能轻易把水提起。桔槔早在春秋时期就已相当普遍,而且延续了几千年,是中国农村历代通用的旧式提水器具。辘轳也是从杠杆演变来的汲水工具。据《物原》记载,早在公元前1100多年前中国已经发明了辘轳。到春秋时期,辘轳就已经流行。

弹力工具的使用标志着人类掌握了将人力储存起来,延长一段时间再使用的本领。这是人力利用的第二个进步。利用弹力最早的工具是弹弓,其次是射箭用的弓和弩。弩机是一种典型的储备人力的机械装置,它的发明约在春秋时期,战国中期铜制的弩机就已经相当进步了。弩机发展到汉代,在弩机的"望山"(瞄准器)上已经出现了刻度,相当于今天步枪的标尺。不同的射程使用不同的刻度,以调整箭镞投射角的大小。在西方弩机的发明比中国足足要晚1300年。

名句箴言

要使别人喜欢你,首先你得改变对人的态度,把精神放得轻松一点,表情自然,笑容可掬,这样别人就会对你产生喜爱的感觉了。

——卡耐基

磁学在中国古代的应用

中国古人早在2000多年前的春秋时期,就已经认识了磁石,并在利用磁石的过程中积累了丰富的磁学知识。在公元前四世纪左右成熟的《管子·地数篇》中记载道:"……上有磁石者,其下有铜金……"这是世界上关于磁石的最早记载。后来的史书中也陆续记载了关于磁石吸铁等现象。从这些记载中可以看出,中国古人很早就了解了磁石的一些特性,并利用磁石来寻找矿藏。

中国古代有很多生动的实例,都记载着人们对磁石所具有的磁力的利用。相传秦始皇为了防避刺客,用磁石建造阿房宫的北阙门,使怀刀剑者入门时,就被阻止住。在《晋书·马隆传》中还记述了马隆曾利用磁石吸铁这一特性大败叛军的故事。公元279年,马隆率兵讨伐凉州叛乱。在一次伏击战中,他把大量磁石堆放在一条狭窄的夹道上,令官兵脱去铁甲,穿上犀甲,把敌人引来夹道,由于敌人穿的是铁甲,被阻而不得出,于是大败。这是磁石应用于军事上的范例。

据古代传下来的医书记载,磁石还曾被用来医治疾病。《史记》记载,战国时就有了"自炼五石"内服治病,叫作"五石散",磁石就是五石之一。到了汉朝和晋朝,人们对磁石的药性和疗效的记载就更加详细了。西晋葛洪的《抱朴子》中还有利用磁石做外科手术,从患者身上取出铁针等异物的记载。后来,由于辗转流传,关于磁石的某些应用显然被夸大了,但在实践中,磁学知识在中国古代已广泛地被应用,却是确凿无疑的。

站在巨人肩上——从阿基米德谈物理学起源

一、中国古代对浮力的认识及应用：

中国是应用浮力最早的国家，大约在殷商时期，我们的祖先就开始认识和应用浮力了。那时，人们把较大的独木从中间挖成槽形，放在江河的水中漂流，称为独木舟，用它来载人和装运收获的猎物后来又发展到用木板做成船体，在江河中代替独木舟航行。随着生产和技术的发展，以后各个朝代对船的形状和结构又进行了多次改进，使木船不仅能在内河、湖泊中航行，还制造了能适用于大海、大洋中航行的大型船舶。明朝时的郑和出使西洋用的大型"宝船"船队，其船体在结构上合理、精致、美观，都达到了古代造船工艺史上的巅峰。这一伟大的成果，是古代造船史上非常光辉的业绩，是我们祖先对世界航海事业作出的伟大贡献。

浮桥是我国古代历史上应用浮力的伟大奇迹，在公元前8世纪周朝时就得到了广泛的应用。在以后的年代，发展到不仅可以在小河上架起浮桥，而且像黄河这样的大河上也架起了浮桥。相传在11世纪初，在蒲州（今山西永济市)附近潼关以北的黄河上曾架起一座很大的浮桥,浮桥的缆绳用8只铁牛系住,这些铁牛立于两岸,每只铁牛重数万斤。后来由于洪水泛滥,浮桥被冲垮,铁牛也沉入河中。如何把铁牛打捞起来,在当时的条件下,是比较困难的。和尚怀丙派人潜入水中,用铁索把铁牛和两只装满泥土的大船系在一起,然后再把船中的泥土除去,利用大船所受的浮力,把铁牛拉上来。

利用物体的沉浮原理估测液体的密度,在我国的宋、元时代已经开始。根据有关文献记载,密度的测定主要是和古代的制盐业密切联系的,即由于估测盐水的需要,发展了液体密度的测量技术,为晒盐业提供了条件。11世纪,姚宽在台州做官时,为了检查盐商是否舞弊,他首创了一种简单的估测盐水密度的方法。选用体积大体相同,而质量不同的莲子十粒,当把莲子放在盐水中时,如果这些浮沉子——莲子有5粒以上浮起,说明盐水是最浓的;如果有三四粒莲子浮起,说明此盐水是浓盐水;如果不足3粒莲子浮起,说明此盐水是稀盐水。到了元代,经进一步改进,制造了便于携带的简单装置。取四个莲子,分别用四种不同浓度的盐水浸泡,放在一个竹筒内,便成为简单的测定盐水浓度的装置。如果要测某种盐水的浓度,只要把待测盐水的一小部分装入筒内,观察各类莲子浮起的情况,便可以估测盐水的浓度。到了明代,测定盐水浓度的方法进一步简化,选一粒轻重合适的莲子,放在竹筒内,当把待测的盐水放入竹筒中时,如果莲子浮在水面上成横倒形,则盐水最浓;如果成垂直形,则盐水次浓;如果莲子沉而下浮,则盐水不浓。我国古代这种简单估测盐水浓度的方法,与现代密度计的原理相似,这说明我国古代对浮力的研究与应用已经相当深入了。

二、中国古代对力学的研究:

力学知识起源于古代人对自然现象的观察和生产劳动中的实践经验,并逐步发展为生产技术和初步的自然哲理,这在东西方古代都是如此。

在我国古代,手工工艺技术成果远比经验性的理论总结突出得多,这是中国古代对力学研究的主要特点。从时间来看,大体可分为春秋战国、两汉、宋明三个高潮。

(1)春秋战国时期(公元前770~前221年)

公元前316年,蜀守李冰修建都江堰,"正面取水,侧面排沙",其都江堰工程巧妙地利用了弯道环流,说明当时测河水流量、了解泥沙规律等水力学知识及水利工程已有相当的水平,成都平原两千多年来始终受益。

传为齐人著的《考工记》,是记录我国古代农具、兵器、乐器、炊具、酒具、水利、建筑等古代手工艺规范的专著,现存版本中如《裘氏》《筐氏》《雕氏》等篇内容已散佚。其中惯性现象的记述"马力既竭,辀(zhōu,指车辕)犹能一取焉",车轮大小与拉力的关系——轮太低,马总是像上坡一样费劲,箭羽影响箭飞行速度的关系——"后弱则翔,中强则扬,羽丰则迟",检验木料强度的经验方法如"置而摇之,以视其蜎(yuān,蠕动程度)","横两墙间,以视其桡之均","横而摇之,以视其劲",以及堤坝设计的经验尺寸等,都反映了我国当时的生产技术水平和经验知识水平。

与《考工记》几乎同时的《墨经》,则进一步得出一些初步的力学哲理(如"奋""衡""本""标""重""权"等),给力下了比较科学的定义:"力,刑(形)之所以奋也。"可惜这一形成科学的抽象思维进程在后世没有顺利继续下去。

这一时期是以记录与积累生产经验为主,也形成了初步哲理。

(2)两汉到五代时期(公元前206~公元960年)

简单机械逐渐发展为精巧的或大型的联合机械,如张衡的水运浑天仪、候风地动仪,西汉末巧工丁缓(公元1世纪)的"被中香炉"是世界上已知最早的常平支架,祖冲之(公元429~500年)的水磨等等。

隋代造船业已很发达,如隋炀帝的龙舟已高40尺,宽

50尺,长200尺。李春主持建造的河北浇河赵县安济桥(公元595~605年),跨度最大37.02米,弧度最浅拱最高7.23米,至今1300多年,下沉水平差只有5厘米,说明实用结构力学发展的水平。浮力的利用甚多,如:浮桥的建造唐李吉甫:"以船为脚,竹篾亘(gèn,横贯)之","架黄河为之";东晋僧人惠远在庐山造莲花漏作为记时工具:"取铜叶制器,状如莲花,置盆水之上,孔底漏水,半之则沉",即莲花漏由孔底进水到一半时就逐渐下沉,"每一昼夜十二沉",非常巧妙。还有著名的曹冲称象故事,在陈寿著《三国志》卷二十及《江表传》中均有记载。

上述种种成就,集之于书的不多,北齐信都芳曾"集浑天、地动、敧器、漏刻诸巧事并画图名曰器准",但已散失。

这一时期带有直觉经验型的物理哲理性著作是王充的《论衡》,在他的著作中对于运动的疾舒(快慢)、力与运动、物与运动、内力与外力的关系等作了叙述。其次是运动的相对性概念,晋天文学家束皙(261～303年)说过:"乘船以涉水,水去而船不徙矣"(《隋书·天文志》);晋葛洪(283～363年),号抱朴子,在其著作《抱朴子·内篇·塞难》中说:"游云西行,而谓月之东驰。"《晋书卷十一天文志》更将这一相对运动的思想用于解释天体运行:"天旁转如推磨而左行,日月右行,随天左转,故日月实东行,而天牵之以西没。譬之蚁行磨石之上,磨左旋而蚁右去,磨疾而蚁迟,故不得不随磨以左回焉。"有极大价值的是至少成书于东汉时代的《尚书纬·考灵曜》(著者不详,收入明代孙毂编纂的《古微书》卷一《尚书纬》),该书在提出"地有四游,冬至地上行北而西三万里,夏至地下行南而东三万里,春秋二分是其中矣"的同时,提出了著名论断:"地恒动而人不知,譬如闭舟而行,不觉舟之运也。"这种对运动相对性的观点,《考灵曜》比伽利略的《对话》至少早约1500年。此观点说明我国古代物理思想达到过的高度。

这一时期在机械、水力等技术发展基础上物理思想活跃,但是物理现象很少作定量叙述。

(3) 宋元明时期(960～1644年)

站在巨人肩上——从阿基米德谈物理学起源

我国古代技术成就极为丰富,但往往著述不详或流散失传,只知其名而不知其详,因而许多"巧器"历代都有人重新"创制"。如由仰韶文化时期尖底陶罐发展而成的攲器,"虚则攲,中则正,满则覆"(《荀子·宥

陶罐

坐》),是由于重心由高变低而又变高而致的,晋人杜预、南北朝祖冲之,魏、隋、唐、宋都有多人试制,指南车也有东汉张衡、三国马钧、祖冲之、宋燕肃、吴德仁等多人多次制成或未成。后魏时有郭善明与马岳同时研造,郭未成而妒忌,见马岳垂成,便用毒酒杀之。而燕肃造这种凭靠齿轮传动使木人手指方向不变的指南车遇困难时,出门"见车驰门动而得其法"(宋陈师道《后山丛谈卷一》),这也是从机械原理中悟出的。可惜的是往往因古代人悟而未述或述而失传。记载鼓车也是利用传动,使车轮走满一里时有一齿轮转满圈并拨动小人打鼓一次。这说明我国手工制造中齿轮构造等工艺相当娴熟,但直到宋代才记载较详。

天体仪古称"浑象"是我国古代一种用于演示天象的

仪器。苏颂(1020～1101)和韩公廉1092年建成了我国古代最大型的先进天文钟楼"水运仪象台",其结构详细载于苏颂《新仪象法要》中,它涉及天文、力学、机械制造,其中有相当于钟表擒纵器的"天衡",是保证等时性的杠杆装置。元代郭守敬(1231～1316)在天文仪器制造的种类(简仪、仰仪、定时仪、日月食仪等十几种)、结构和精度方面达到很高水平。

宋代曾公亮(997～1087)除在《武经总要》这一军事著作中记载兵工机械、枪炮、军用油泵("猛火油柜")等外,还在《寻水泉法》中详载了虹吸管("渴乌"),它在《后汉书·张让传》及唐代《通典》中都有记载,包括"取大竹去节","油灰黄蜡固封竹首插入水中五尺",烧火使"火气潜通"入水,"则水自中逆上"等。

河北石家庄隆兴寺的转轮藏建于北宋,人在台上绕轴走动时轮藏会缓慢地反向转动,这实际上是动量矩原理的应用。

宋应星(1587～1644)的《天工开物》是明代农业和手工业生产技术的百科全书,在卷十五《佳兵篇》中记述了测试弓弦弹力大小的方法:"凡试弓力,以足踏弦就地,秤钩搭挂弓腰,弦满之时,推移秤锤所压,则知多少",方法十分巧妙。该书在我国失传300年,于1926年才由日本找回翻印本。

总的来说,我国古代力学知识与古代精湛的工艺技术往往密不可分,但各时期对技术知识的整理汇集、研究提高、保存流传都未受到重视,致使技术特别是科技理论不能代替人力形成明显的生产力,科举八股把教育与知识分子的注意力引到文字游戏或仕途官场上。一方面是大量生产知识与技术积累而又散失,缺乏系统整理,一方面是经验性的定性的力学概念始终带有思辨色彩(如"气""道""理"),缺乏数学的定量引用和系统实验的基础,因此经典力学理论只能等待西方传入。

三、中国古代对热学的认识:

我国古代的热学知识大部分是生活和生产经验的总结。至今所知的古籍中对热的研究记载较少,还有待于进一步发掘。

火的利用和控制,使人类第一次支配了自然力,使人类文明大大前进了一步,同时,它也是古人对热现象认识的开端。我国山西省芮城西侯度旧石器的遗址,说明大约180万年前人类已经开始使用火。

对冷热的认识约在公元前2000年,我国已有气温反常的记载,在两周初期,人们开始掌握降温术和高温术。据《周礼》记载,当时已设专人司贮冰事,冬季凿冰加以贮藏,到春、夏季用以冷藏食物和保存尸体。说明当时已利用天然冰来降温。我国冶炼业的发展较早,高温技术也很早被人们掌握。江苏省曾出土春秋晚期的一块铁,经科学分析,它是一块生铁,生铁的冶炼温度比熟铁高,需达摄氏千度以上。生铁的出土,说明在那时的高温技术已达到一定水平。

温度计还没有发明以前,古人在冶炼金属的实践中,创造了通过观察火候和火色来判别温度高低的方法。据《考工记》记载,在铸铜与锡时,随温度的升高,火焰的颜色先后变为暗红色、橙色、黄色、白色、青色,然后才可以浇铸。这种方法同样也应用于制陶工业。从现代科学分析,不同物质有不同的汽化点,因此从火焰的颜色可以判断所汽化的物质,从而判断温度的高低。对同一种物质,随着温度的升高,其颜色也先后有所变化。"火候"(包括火色)成了我国古代热工艺中一个内容丰富的特有概念。

除制陶和冶炼金属之外,我国古代还在农业中采用了控温技术。据《汉书·召信臣传》记载,西汉末年,我国已利用冬季栽培蔬菜,其方法是"覆以屋庑,昼夜蕴火,待温气乃生。"北魏时期,还利用熏烟的方法防止霜冻。

对冷热问题,东汉王充还曾从理论上加以探讨,在他的著作《论衡·寒温篇》中写道:"夫近水则寒,近火则温,远之渐微,何则?气之所加,远近有差也。"他把"气"作为物体之间进行"温""寒"传递的物质承担者,还指出距离变远,"气"的作用渐小。这里已涉及热传递的理论问题,但它只是思辨性的,是我国"元气说"的一种应用。

对热是什么这一问题,我国古代也已注意到,南北朝成书的《关尹子》中认为:"外物"的来去是使瓦石一类物体发生寒热温凉之变的原因。而另一种说法见于据传可能为北齐刘昼著的《刘子·崇学篇》,则从"五行"观念出发,猜想物体寒、热、温、凉的变化是一种"内物"在起作用。这种所谓的"外物"或"内物"都是把热设想为一种实体物质,它类似于18世纪"燃素"和"热素"的观念。

热胀冷缩是重要的热现象之一,在我国古代对它已有所研究和利用。汉代《淮南万毕术》记述了这样一个现象:把盛水铜瓮加热,直到水沸腾时密闭其口,急沉入井中,铜瓮发出雷鸣般响声。这现象可能是发热物体在急速冷却时发生了内破裂,破裂声由井内传出,这是一个典型的热胀冷缩现象。元代陶宗仪曾亲自作热胀冷缩实验,他把带孔的物体加热以后,使另一个物体进入孔洞,从而这两个物体如"辘轳旋转,无分毫缝罅"。他明确指出,这是前一物体"煮之胖胀"的缘故。据《华阳国志》记载,李冰父子修建都江堰时,发现用火烧巨石,然后浇水其上,就容易凿开山石。这种利用岩石热胀冷缩不均从而易于崩裂的施工经验,在我国历代水利工程中不断为人们采用。

　　对水的物态变化,在我国古代也早有认识,例如对雨和雪形成的探讨,认为是由于"积水上腾"而造成。《论衡》中对此有明确的表述:"云雾,雨之微也,夏则为露,冬则为霜,温则为雨,寒则为雪。雨露冰凝者,皆由地发,不从天降也。"此文说明露、霜、雨、雪是因为不同的温度由水冻凝而成,它们都是水由地面蒸发而产生的。汉代以后的古籍中,对雨、露、雪、霜成因的讨论更多,说明当时对物态变化的知识有了新的认识。汉代董仲舒从"气"的观念出发,解释雨、露、雪、霜成因的道理是:水受日光照射,蒸发成水汽,再在不同条件下形成雨、霰、雪等。从现在看来,这些分析也基本上是正确的。

　　我国古代,在生产和生活实践中,创制了利用热的各种器具。如宋代曾发明一种"省油灯",在"灯盏一端作小窍,注清冷水于其中",据说这种灯能"省油几半"。现在分析,文中所说加入冷水,目的是降低温度,避免油被灯火加热后急速蒸发,其中包含了对油的汽化和温度的关系的认识;据《淮南子》记载:"取鸡子,去其汁,然(燃)艾火纳空卵中,疾风因举之飞"。这是关于"热气球"的最早设想,也是空气受热上升的具体应用。五代时期,据说还利用这一原理制成信号灯,所谓"孔明灯"也是应用了这一道理。关于走马灯我国古代有较多记载,有的古籍把它称作"马骑灯""影灯"。宋代《武林旧事》在记述各种元宵彩灯时写道:"若沙戏影灯、马骑人物、旋转如飞……"这表明当时已利用了冷热空气的对流制造出各种各样的走马灯。

在我国古代,很早就出现了对热动力的认识和利用,唐代出现了烟火玩物,"烟火起轮,走绒流星"。宋代制成了用火药的火箭、火球、火蒺藜。明代制成了"火龙出水"的火箭,这些都是利用燃烧时向后喷射产生反作用力使火箭前进的道理,属热动力的应用,它是近代火箭的始祖,被世界所公认。

四、中国古代在声学上的贡献:

在中国古代物理学中,声学的成就可以说是一枝独秀,有特别加以记述的必要。

(一)乐器制作与乐律理论

中国古代音乐是世界文明中的一个宝库。河南舞阳县贾湖村的骨笛,是公元前5000~前6000年新石器时代的遗物,这是迄今发现的世界上最早的乐器。西周时期,见于《诗经》记载的乐器就有29种,其中频率固定的打击乐器有鼓、磬、钟、铃、(革兆)(摇鼓)等,调频弹拨乐器有琴、瑟,管类乐器有箫、管、埙、笙等。《汉书·律历志》已将当时的乐器品种按质料分为八种："土曰埙,鲍（木瓜）曰笙,皮曰鼓,竹曰管,石曰磬,金曰钟,木曰祝,丝曰瑟。"从众多出土的古乐器中,引人注目的是编磬和编钟。编磬是用特殊石头（如玉石）制成的具有若干固定音列的组合磬。1950年在安阳武官村出土的殷代大理石磬,82厘米×42厘米×2.5厘米,音色浑厚如铜；1970年在湖北江陵出土的楚国编磬25只,其形状已颇为规则,音域达三个八度。编钟是由一系列铜制的钟挂在木架上的组合钟。1978年在陕西扶风曾出土了西周的青铜编钟,1979年在湖北隋县的战国曾侯墓出土了公元前443年的编钟,一套共65件,总重2500余斤,总音域跨五个八度,12个半音齐全,音色优美,效果极佳,充分显示了我国古代音乐、冶金和乐器制造水平之高超。

由于重视"礼、乐、术、数",我国古代研究乐音数学规律的律学相当发达,《二十四史》有许多律历志的记载。最晚到殷商时期已产生了宫、商、角、徵、羽五声,西周编钟已刻有十二律（由于对乐音成组的认识,而产生十二律,其名称为：黄钟、大吕、太簇、夹钟、姑洗、仲吕、蕤宾、林钟、夷则、南吕、无射和应钟,黄钟为十二律中的第一律）中的一些铭文。以黄钟为标准音高之首,逐次按半音降低,就形成了十二律。最早的乐律计算法见于《管子·地员篇》中的"三分损益法",约产生于公元前7~3前世纪间,即将主音律的弦(或管)长三等分,取其两份(全管长的2/3,为损一),或增加一份(全管长的4/3,.为益一),依次确定十二律中其他各律的方法。这种以弦长为准的方法,与欧洲当时以频率为准的"五度相生法"是成倒数关系的。16世纪末,朱载堉提出了十二平均律的理论和算法。十二平均律是我国对音乐声学的重大贡献。

(二)声的传播与发声原理的探讨

据北魏郦道元《水经注》卷三十四《江水》记载:陈遵在造江陵金堤(512~518年)时,曾利用鼓声推算高地的高度,可能是利用鼓声的传播速度推算的。这一记载很有意义。

对于发声原理,东汉王充在《论衡·论死篇》中先说明人的语言是由于"气括口喉之中,动摇其舌,张合其口"而生的,然后推广到"箫笙之管,犹人之口喉也,手弄其孔,犹人之动舌也"。宋代张载(1020~1077年)及明代王夫之(1619~1692年)进一步形成"形"(物体)与"气"相冲突而发声的观点:"声者,形气相轧而成"。可以是"两气"相碰,如"谷响雷声之类","两形"相碰,"桴鼓所击之类","形轧气,羽扇敲矢(指羽扇生风、飞矢鸣镝)之类……气轧形,人声笙箫之类"(《张子正蒙注》)。明宋应星具体考察了声的发生的几种情况:"冲"("飞矢"),"界"("跃鞭"),"振"("弹弦"),"辟"("裂缯",即撕丝织品),"合"(鼓掌),"击"(挥椎)。他认为发声第一必须有气:"气而后有声","气本浑沦之物,分寸之间,亦具生声之理,然而不能自生";第二必须是"以形破气","气之一动","急冲急破,其声方起",例如"击物"就是"气随所持之物而逼及于所击之物有声焉"。

关于声音发生与传播更为深刻的见解是王充和宋应星指出的。王充在《论衡·变虚篇》中将鱼"动于水中,振旁侧之水"与人的"操行"(行动)引起"气应而变"加以对比。宋应星则明确提出"物之冲气也,如其激水然。气与水,同一易动之物。以石投水,水面迎石之位,一拳而止,而其文浪以次而开,至纵横寻丈而犹未歇。其荡气也亦犹是焉,特微渺而不得闻耳。"(《论气·气声七》)。他们明确指出:"气"被"冲"如同"水"被"激","荡气"与水的"文浪"相似,可从"一拳"依次"开"至"纵横寻(古 8 尺)丈"犹未止,只是"荡气"微小到听不见而已,这就是"气声"。对声波的发生与传播从物理上分析如此精辟,在我国古代物理学中是很突出的。

关于共鸣现象的趣闻,庄子调瑟时发现共振现象,沈括在弦共振时作纸人试验,喷水鱼洗的研究等,文献记载相当丰富。

(三)古代建筑中的声学效应

利用声学效应的建筑在我国已发现不少。古典籍中关于空穴传声类的记载与建筑有关的也有"地听""墙听"(《墨子·备穴篇》)等,用陶瓮口向内砌墙可以隔音,在琴室及戏台下埋大缸可增加混声回响效果。著名的北京天坛中的回音壁、三音石与圜丘都巧妙地利用了声的反射效应。还有河南郏县蛤蟆音塔,四川潼南县大佛寺的石琴等。

近年来深入研究了山西永济市蒲救寺莺莺塔的蛙声。《西厢记》中"日午当庭塔影圆",就是指此塔。该塔初建于隋唐,现存的塔重修于1564年明嘉靖年间,是一座方形空筒式十三层密檐式砖塔,高36.7米,建于陡坡的高处,周围空旷,整个塔身和塔檐由涂釉青砖建成,这些青砖的声反射系数达0.95~0.98,是声音的良反射体。塔身成空筒形,对声波起着谐振腔作用。由于十三层塔檐各层砌砖所成曲线的巧妙配合,对来自塔前距离约24米处的击石声产生良好的反射及会聚作用,因而"于地击石,有声如吠蛙"。同样,远处的声音通过十三层塔檐反射就会聚在檐前附近,使人耳接收到的声波能量大增。五里外的蒲州镇的演唱声,犹如塔内有戏台。

我国古代建筑是利用声学效应的科学宝库,还有待于进一步发掘。上述成就体现了声学与音乐、声学与哲学和声学与建筑、军事等的结合，这也是我国古代物理学发展的根本特点之一。

五、中国古代对电现象的认识：

我国古代对电的认识，是从雷电及摩擦起电现象开始的。早在3000多年前的殷商时期，甲骨文中就有了"雷"及"电"的形声字。西周初期，在青铜器上就已经出现加雨字偏旁的"電"字。

王充在《论衡·雷虚篇》中写道："云雨至则雷电击"，明确地提出云与雷电之间的关系。在其后的古代典籍中，关于雷电及其灾害的记述十分丰富，其中尤以明代张居正（1525～1582年）关于球形闪电的记载最为精彩，他在细致入微的观察的基础上，详细地记述了闪电火球大小、形状、颜色、出现的时间等，留下了可靠而宝贵的文字资料。

在细致观察的同时，人们也在探讨雷电的成因。《淮南子·坠形训》认为，"阴阳相薄为雷，激扬为电"，即雷电是阴阳两气对立的产物。王充也持类似看法。明代刘基（1311～1375年）说得更为明确："雷者，天气之郁而激而发也。阳气困于阴，必迫，迫极而进，进而声为雷，光为电"。可见，当时已有人认识到雷电是同一自然现象的不同表现。

尖端放电也是一种常见的电现象。古代兵器多为长矛、剑、戟,而矛、戟锋刃尖利,常常可导致尖端放电发生,因这一现象多有记述。如《汉书·西域记》中就有"元始中(公元3年)……矛端生火",晋代《搜神记》中也有相同记述:"戟锋皆有火光,遥望如悬烛"。避雷针是尖端放电的具体应用,我国古代地采用各种措施防雷。古塔的尖顶多涂金属膜或鎏金,高大建筑物的瓦饰制成动物形状且冲天装设,都起到了避雷作用。如武当山主峰峰顶矗立着一座金殿,至今已有500多年历史,虽高耸于峰巅却从没有受过雷击。金殿是一座全铜建筑,顶部设计十分精巧。除脊饰之外,曲率均不太大,这样的脊饰就起到了避雷针作用。每当雷雨时节,云层与金殿之间存在巨大电势差,通过脊饰放电产生电弧,电弧使空气急剧膨胀,电弧变形如硕大火球。其时雷声惊天动地,闪电激绕如金蛇狂舞,硕大火球在金殿顶部激越翻滚,蔚为壮观。雷雨过后,金殿经过水与火的洗练,变得更为金光灿灿。如此巧妙的避雷措施,令人叹为观止。

我国古人还通过仔细观察,准确地记述了雷电对不同物质的作用。《南齐书》中有对雷击的详细记述:"雷震会稽山阴恒山保林寺,刹上四破,电火烧塔下佛面,而窗户不异也"。即强大的放电电流通过佛面的金属膜,金属被融化。而窗户为木制,仍保持原样。沈括在《梦溪笔谈》中对类似现象叙述更为详尽:"内侍李舜举家,曾为爆雷所震。其堂之西室,雷火自窗间出,赫然出檐。人以为堂屋已焚,皆出避之。及雷止,共舍宛然。墙壁窗纸皆黔。有一木格,其中杂贮诸器,其漆器银者,银悉熔流在地,漆器曾不焦灼。有一宝刀,极坚钢(刚),就刀室中熔为汁,而室亦俨然。人必谓火当先焚草木,然后流金石。今乃金石皆铄,而草木无一毁者,非人情所测也。"其实,只因漆器、刀室是绝缘体,宝刀、银扣是导体,才有这一现象发生。

在我国,摩擦起电现象的记述颇丰,其常用材料早期多为琥珀及玳瑁。早在西汉,《春秋纬》中就载有"瑇瑁(玳瑁)吸裙(细小物体)"。《论衡》中也有"顿牟掇芥",这里的顿牟也是指玳瑁。三国时的虞翻,少年时曾听说"琥珀不取腐芥"。腐芥因含水分,已成为导体,所以不被带电琥珀吸引。琥珀价格昂贵,常有人鱼目混珠。南朝陶弘景则知道"唯以手心摩热拾芥为真",以此作为识别真假琥珀的标准。南北朝时的雷敩在《炮炙论》中有"琥珀如血色,以布拭热,吸得芥子者真也"。他一改别人以手摩擦为用布摩擦,静电吸引力大大增加。西晋张华(公元232～300年)记述了梳子与丝绸摩擦起电引起的放电及发声现象:"今人梳头,脱着衣时,有随梳、解结有光者,亦有咤声"。唐代段成式描述了黑暗中摩擦黑猫皮起电:"猫黑者,暗中逆循其毛,即若火星"。摩擦起电也有具体应用。据宋代的张邦基《墨庄漫录》记载:孔雀毛扎成的翠羽帚可以吸引龙脑(可制香料的有机化合物碎屑)。"皇宫中每幸诸阁,掷龙脑以辟(避)秽。过则以翠羽扫之,皆聚,无有遗者"。关于摩擦起电的记载还有很多。

近代电学正是在对雷电及摩擦起电的大量记载和认识的基础上发展起来的,我国古代学者对电的研究,大大地丰富了人们对电的认识。

中国古代物理学先驱

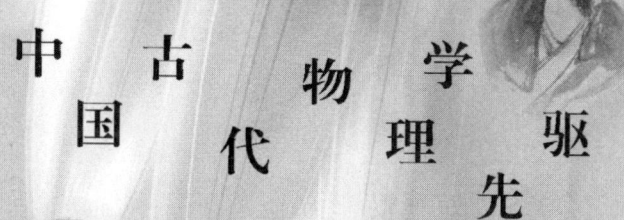

中国古代物理学先驱

名句箴言

天地之变,寒暑风雨,水旱瞑蝗,率皆看法。

——沈括

三国时期的机械学家马钧

在中国古典小说《三国演义》中,有一个神通广大,智慧过人的诸葛亮。他上通天文,下晓地理,又能设计机械,又能制造武器。据说,他设计的"木牛流马",解决了蜀国军队运输粮食的难题,他设计的"连弩",可以像现代自动步枪一样,射出连发的弩箭,大大增强了弓箭的威力。虽然,诸葛亮设计的这些器械,有的史册上没有记载,有的已经失传了。

站在巨人肩上——从阿基米德谈物理学起源

诸葛亮

但是人们还是对作为军事家和戏剧人物的他感兴趣，而对他的发明反倒不大去研究考证了。不过，三国时期还有一位机械学家，值得在科学史上写上一笔，这就是马钧。

马钧是三国时魏国扶风人（现在陕西武功、兴平一带），出身于贫寒家庭。他从小就善于动脑，又勤于学习，刻苦钻研，因而成为一个"巧思绝世"的科学家。

三国时，天下分崩，各路诸侯分别拥有自己的地盘，剥削奴役人民。汉末的农民大起义，极大地打击了大地主阶级的力量，遏制了土地兼并的恶性发展。后来形成"三足鼎立"的魏、蜀、吴三国局面时，社会生产力有了一定的恢复和发展。魏国和蜀国为了减轻财政压力，实行了屯田政策，对恢复农业生产起了一定作用。从汉代开始传入中国的外国种植葡萄、胡萝卜等技艺，在相对安定的社会条件下得到推广，江南等地由于水利灌溉事业的兴起，稻田种植面积大为增加。由于战争不像以前那样频繁，农民得以深耕细作，粮食产量有了大幅度增加。这样，手工业也有了相应的发展，各种技艺都有了提高。在冶炼方面使用了水力鼓风炉；兵器生产的减少，使更多的金属用于社会生产和人民生活方面，这反过来又促进了生产力的进一步提高。正是这样的社会环境，产生了对科学技术的更高更迫切的需要，马钧这位杰出的科学家、发明家才应运而生了。

当时的中国被称为"东方丝国"，丝织品以及为丝绸生产提供原料的养蚕业在中国上古时期就发展起来了。可以说，中国人在走出穿树叶、兽皮时代后，第一代衣服就是丝或麻制的。传说中人类祖先黄帝的妻子名叫嫘祖，看到人民没有衣服穿，她就养蚕，用蚕丝织成衣服。这样人们才学会了用蚕丝来做衣服。中国养蚕业、丝织业发展早，相应的纺织机械发展也早。在汉代，有一对住在现在河北省巨鹿县的夫妇，男的名字叫陈宝克，他们发明了一种织机，名叫提花机。用这种机器，60天功夫可以织成一匹花绫。这样的机器从发明时起到三国时，已

《耕织图》中的提花机

站在巨人肩上——从阿基米德谈物理学起源

经两三百年了。用起来时,每一根经线要装一个脚踏的蹑,120根经线就要有120个蹑,织起来又费力又费时,所以越来越不适应生产发展的需要了。马钧深知劳动者的要求,他经过反复琢磨,重新设计了一种织机。将当时流行的50根线、50个蹑,或60根线、60个蹑的纺织机,都改成只需要12个蹑的纺织机,使生产效率大为提高。这种织机又省力又出活,受到人们的欢迎,也为中国纺织机械的制造添上了新的一笔。

中国古代对杠杆的力学原理运用较早。战国时期已经普遍使用桔槔进行提水灌溉。桔槔就是在一根立木上挂一个可以活动的横杆,一头系上石头,一头系上空桶,利用石头重量把水从低处提上来。桔槔对减轻人们劳动强度有很大作用,但它比较粗笨,效率低,随着水利事业的发展,已经很不适应生产的需

龙骨水车

要了。马钧住在当时京都洛阳,看到有一块坡地可以种菜,但缺水灌溉。他想出一个办法,设计了一种提水灌田用的

"翻车",俗称为水车。这种车刻木做槽,中间连缀木板,上端有轮轴,可以旋转,用人在一旁脚踏,木槽旋转,把水带上来,流进附近的沟道,这样就可以进行灌溉了。这种水车又叫"龙骨水车",因为它水斗连在一起如链子般环绕,很像一条"龙",所以得名。直到现在,在没有抽水机的地方,人们还在使用这种龙骨水车来浇地。

　　三国时,魏蜀两国经常发生战争。前面介绍了蜀国著名军事家诸葛亮发明了"木牛流马"和"连弩"。有一次马钧见到了诸葛亮发明的"连弩",他说:"巧则巧矣,未尽善也。"也就是说这种弩还不是十分完满的,还有可以改进之处。据马钧计算,经过改进的连弩,威力可以增加五倍。当时作战常用一种抛石头的战车,这种抛石车就像一个大桔槔,一头挂个斗,里面装几十斤重大石头,另一端挂许多根绳子,几十名士兵一齐用力拉绳子,挂石头的一头猛然向上运动,斗中的石斗被抛出去,打击敌人。据说当时曹操用这种武器打败了袁绍。马钧发现,这种抛石车不但用人多,花费时间长,而且在攻城时,敌人在城楼上悬挂湿牛皮,就会挡住石头,打中了也不起作用,落下来就砸伤自己人。更何况石头不能连续发射。马钧设计出一种带轮子的抛石车,把石头放到大木轮上,用机械使轮子飞速旋转,这样接连把石头抛出去,使其"首尾电至",一个接一个地射向敌军,大大提高了杀伤力。他做过试验,这种抛石车可以把碎砖抛到几百步远。

马钧还制造了指南车。指南车是用来指示南方的一种车,车上立个木头人,不论车朝哪个方向走,木人伸出的手始终指向南方。本来,中国在春秋时已经发明了指南车,东汉科学家张衡也制成过指南车,但后来都失传了。有一次马钧和另外两个人发生了争论,那两个人坚持说古代没有什么指南车,历史记载是不足信的。马钧认为指南车是有的,虽然已经失传,但研究一下可以再把它造出来。那两个人不信,还嘲笑了马钧一番。之后,他们把这事告诉了魏明帝。明帝命令马钧造指南车,这下马钧可要认真对待了。他经过认真思考和试制,终于把指南车造成了。从此所有的人都赞佩马钧的聪明才智,他的名声传遍了天下。

马钧还给当时掌权的武安侯曹爽制造过活动的"百戏木人",他用木头做轮子,利用水力冲击木轮,木轮旋转带动木头人,这些木头人就自动完成击鼓、吹箫、跳丸、掷剑以及倒立等动作。这种设计和制作虽然精巧,可惜是奉命不得已为统治者制造的,没有什么实际用途,只是玩具而已。

马钧的才智是过人的,当时人称他是"国之精器"。他不大善于言谈,喜欢独立思考和埋头实干,这大概是科学家、发明家一种共同的性格吧。

中国古代物理学先驱

名句箴言

> 我们是国家的主人，应该处处为国家着想。
>
> ——雷锋

宋代杰出的科学家沈括

沈括是中国宋代杰出的科学家，他生于公元1021年，死于公元1095年，浙江钱塘（现在杭州）人。沈括生活在北宋早期，那时候宋朝正处于天下比较安定，社会生产得到恢复和发展，科学技术也随之兴盛起来，整个宋代出现不少数学家、建筑家、机械学家以及其他有专长的科学技术人才。如果不是后来民族矛盾激化，改变了中国社会发展的步伐，那么在宋朝以后中国很可能逐渐地产生资本主义生产的萌芽,中国社会也可能自发地进入资本主义社会的,沈括就是在这样的社会环境下开始他的科学活动的。

沈括少年时代就喜欢读书,13岁开始研究书法,18岁时就对医药有较深的研究并因此出了名。他一生中无论是做官还是退居乡里都没有放弃过科学研究,他的研究范围很广,应当说是一个全身心投入到自然科学中去的全面的科学家。

24岁那年,沈括任江苏沭阳县主簿,第二年又迁任东海县令。他在地方任职十多年,在促进社会经济发展方面,做出了显著成绩。在任沭阳主簿期间,沈括主持疏浚河道,得到七千顷好田。在任宁国县令期间,写成《论圩田》,并上疏给皇帝陈述圩田对农业生产的好处。他还曾亲自参加修复已废圩田秦家圩的工作,成功后改名为万春圩。万春圩在1065年对抵御长江大水,发挥了很大作用。

沈括在科学研究上的成就是多方面的。他对光学的研究很有意义,他指出形成"光束"的道理是:阳燧照物皆倒,中间有碍故也。就是说用阳燧(凹画镜)照物体,所成的像是倒着的,这是因为物体与凹镜之间有"碍"的缘故。沈括所说的"碍",可以用光线穿过小孔成像来说明,如果一只小鸟在空中飞,一束光线照着它,再穿过窗上的一个小孔映在墙上,那么墙上小鸟的影子就是反向的;如果小鸟朝东飞,影子就朝西移动。这就好像我们今天使用照相机,通过照相机光圈后

中国古代物理学先驱

物体在胶片上的像是反向的。这个道理早在春秋战国时代就在《墨子》一书中提到了。沈播所说凹面镜也是一样的,在一定距离范围内,镜子里的像是倒着的。那小孔是光线经过的最"细"的地方。这就是上面所说的碍。沈括在原文中解释得也很明白:"阳燧镜是凹的,对着太阳照的时候,反射的光都向内聚集在离镜一两寸的地方,形成芝麻或豆子大小的光点,东西放在那里就会烧起来,这就好像腰鼓中最细那一点一样。"沈括之所以把凹面镜称为"阳燧"正是因为用凹面镜可以集阳光而取火,这同用燧石取火的效果一样,所以才称为"阳燧"。沈括发展了古代人的认识,意识到了凹面镜的焦点和成像道理,他用腰鼓的细腰和鼓面连线是斜的来比喻光线照射和折射后的光路,是很形象的,如果用现代方法做出光路图来,就可以更证实这一点。他把小孔与焦点称作"碍",也是对这种特殊点的一种认识,能在1000多年前朦胧地认识到焦点和小孔的作用,并给它起个名字这是很不简单的。

沈括对自然的观察是以科学家的眼光作出的。有一次他奉命察访河北,路过太行山山崖时发现山崖间有很多螺蚌壳和鹅卵石,他便推断这里远古时代是海滨,这些贝壳和卵石都是那时海滨堆积的留存。他精确地论证了河流的侵蚀和沉积作用,并根据古生物的遗迹正确地推断出海陆的变迁。在延州(现在延安)见到崩塌的深谷,数十尺深的地下出现化石竹笋林,有几百株根干连在一起,这一奇特的现象启发沈括的科学想像,他推断这一现象是与气候变化有着密切关系的。

沈括对地质现象的观察和论断同现代科学地质的思维方式和推断方式是完全一致的,当然他做出的还只是定性的判断,但这已属十分可贵了。

沈括对水流冲击侵蚀使地形发生变化的道理也有重要见解。他说:"浙江雁荡山是天下奇秀,但自古地理方面的书籍和图谱都没有谈到这一点。我看到雁荡山峰峦峭峻险怪,耸立千尺,奇崖巨谷同别的山很不一样。这些奇峰都被包在山谷中,从岭外看上去,什么都看不见,但一到谷中,一眼就看到峰峦直上云霄。这是什么道理呢?是因为山谷很大,发水时谷中沙土都被冲走了,就只有巨石巍然挺立了。陕西成皋县的大山涧中,巨土大至百尺高,这也和雁荡山的成因一样,只不过这里是石那里是土罢了。"这里沈括看到了雁荡山诸峰孤立挺拔和别处山不相同的现象,确认是由于水流冲击的原因,同时又联想陕西大涧中形成的百尺土崖也是同样道理。他的这一卓越见解比近代地质学之父、英国的郝登的同样见解要早600年。

1080年,沈括任延州知州。在任上他考察了鄜延境内石油矿藏与用途。他说:"延境内有石油。旧说高奴县出脂水,即此也。生于水际,沙石与泉水相杂,恓恓而出。土人以雉尾囊之。乃采入罐中,颇似淳漆,燃之如麻,但烟甚浓,所沾幄幕皆黑。予疑其烟可用,试扫其煤以为墨,黑光如漆,松墨不及也。……此物后必大行于世,自予始为之。盖石油至多,生于地中无穷,不若松木有时而竭。"这段记载说明沈括不仅发现石油的一般用途,而且还发现了它的燃烧产物的用途,即用石油烟尘(没完全燃烧的碳)来制墨。今天我们知道,石油直接制取的产品已经成千上万种之多,但人类第一次突破石油只用来燃烧而派以其他用途的还是沈括。

在天文学方面,沈括在总结前人成果的基础上又深化了一步。他解释了发生日、月盈亏和日月蚀的现象。他认为日月的形状如弹丸,月亮本来是不发光的,好像一颗银制的弹丸,日光照着它才使它发亮。月初时,太阳在它旁边,月光生在月亮的一侧,人们看到的就好像一钩。往后太阳离开月亮渐渐远起来,日光斜照着月亮,月亮就渐渐显得圆满。譬如弹丸一半涂了粉,从旁边看上去,那有粉的地方就呈现钩形,而要是从正面看上去,那就看到了圆形,所以月亮很像弹丸。沈括对月亮的形状,月光的成因有盈亏关系都作了进一步的说明。他的说明大体上符合现代天文学理论。

在数学方面,沈括创立了"隙积术"和"会圆术"。"隙积术"也就是高阶等差级数的求和法,我们经常看到商店里把缸、盆等堆成一种长方台状,底层摆成一个方阵,以上逐层长宽各减一个,要计算它的总数该怎么办呢?沈括的"隙积法"开辟了新的研究方向,到南宋的杨辉和元代的朱世杰,又对这一问题进行了更深入的研究,他们所举出的许多新级数,都是由沈括的研究推广而得来的。沈括对平面几何学的精深研究,使他创立了"会圆术"。就是已知圆的直径和弓形的高,而求弓形的底(即弦)和弓形弧的方法。《九章算术》对这个问题所用的公式不够精确。沈括根据勾股定理再进一步利用公式计算弧长。他的计算公式为中外学者继续研究开了先河。

沈括对力学、光学、声学、热学、磁学等各方面都有丰富的研究成果,其中有关磁偏角的记载是现存最早的记录。他的《梦溪笔谈》一书汇集了他的研究成果,也是集前代科学之大成的一本书。他一生注重实践和调查研究,治学态度严肃认真。为了研究极星位置,他曾用三个多月的时间进行连续观测,每夜观测三次,并作了详略记录。他共绘制观测图三百多张,这才得出极星离北极3°多的结论。开封的大相国寺有一幅壁画,画的是一队乐工演奏古曲,一般人批评它有个缺点:其中一个弹琵琶的乐师,当其他乐师在奏"四"字音时,他的指头不是拨动琵琶"四"字所在的上弦,而是掩着下弦。于是认为这是画家不懂乐理而产生的错误。沈括仔细观察后认为并不是这样,画家不但没有错,而恰恰说明了画家构思的精细。他的理由是吹奏乐的发音,可以看指头的部位,而琵琶是一种弦乐,必须在拨弄之后才发出声音,因此手指掩下弦,正表明声音刚从上弦发出。大家不信,找来乐队演奏,果然如沈括所说。沈括的观察力真够精细的了。

沈括卓越的科学成就,在国内外产生了深刻影响,受到高度评价。中国曾发行过一套纪念古代科学家的邮票,其中有一枚就是杰出的科学家沈括。

中国古代物理学先驱

当古希腊天才的力学家阿基米德为自己发现浮力定律而欢呼:"尤里卡!"的时候,他大概不会想到,东方有一个大国,那里的学者也用自己的聪明才智在研究物体入水后的受力情况。在阿基米德利用浮力定律鉴定王冠真假以后500年,一位中国的小孩子也几乎利用同样的道理成功地称出当时用一般方法无法称量的大象的重量。这个东方大国就是中国,这位称量大象的少年叫曹冲,是三国时期魏武帝曹操的儿子。

中国文明发展几乎同希腊一样早。在长期的社会进步中,古代人民积累了丰富的力学知识。这些知识包括掌握重心和力矩的原理,从而制造出各种器械;认识各种材料的力学性质以更有效地加工和使用;研究流体静力学和动力学原理,运用于水利和造船业等等。曹冲称象就是巧妙地利用浮力原理的成功事例。

一只大象总要有十吨八吨重。三国时从南方进贡一只大象给曹操,这是人们很少见到的庞然大物,自然引起人们的兴趣。大家纷纷猜测它有多重,如何能称出它的准确重量来。谋士群臣们想了很久,谁也想不出个办法来。

因为那时还没有弹簧磅秤,即使有也造不出这么大型的衡器来。怎么办?曹冲忽然开口说:"我有办法!"他让人从河里划来一条大船,靠在岸边,把大象牵到船上。这样,原来的空船就要下沉一些。在同水面接触的船身处划个记号,记下船的吃水线,把大象再牵下船去。这回再找人搬石头往船上放,让船重新下沉到原来的吃水线。好了,用秤来称石头吧。称出石块的重量加到一起,就是大象的重量。

曹冲成功的运用了这样的原理:两个物体体积相等,重量也相等,那么放在水里后排开水的体积一定相等。此外,他还巧妙地运用了数学上称为"等量代换"的方法,把难以称量的大象,用好称量的石头代换了。曹冲的智慧真是过人。

在曹冲之前五六百年,中国人已经认识到浮力原理。那时有一本书叫《墨子》,书中论述了物体浸水后的情形,说:形体大的物体,在水中沉没的部分很浅,这是平衡的原理。浮体浸在水中的部分能和浮体平衡,即使物体沉得很浅,也不是物体本身矮浅的原因,而是像市场上商品交易,一件商品可以换五件别的商品一样。这样的理解,虽然没有看到浮体沉浸在水中部分正是这个物体所排开的液体体积,排开液体重量恰好等于浮力,但已经懂得沉浸在水中部分和浮体的关系,的确也是很可贵的。

中国古代物理学先驱

上面说到曹冲称象时还没有出现弹簧磅秤，那么，那时候有什么样的秤呢？那时的称叫"衡"。古书《荀子》上说："衡诚悬矣，则不可欺以轻重。"这就告诉我们，衡首先要平衡，而且是悬起来的。有了它就不能以轻重来骗人了。看来，古时的称跟现在的手拎称差不多。别小看这秤，它是力矩原理的具体运用。不仅仅是称，其他如杠杆、滑车、轮轴、辘轳等，都是利用了力矩的原理。利用力矩原理最基本的目的是为了省力。因为根据这一原理，力乘以作用点到支点的垂直距离为力矩，力矩相等时力的系统处于平衡状态。这就是说，一个力较小但到支点的距离较长，那么这个力就可以负担起虽然比较重，但到支点距离较短的物体。这是力学中最基本的原理，直到现在，工程机械不管有多先进、多复杂，都在应用这个原理。利用力矩原理的第二个目的是为了改变力的方向。如果你用绳子和桶直接从井里提水，你必须不断地向上用力，如果你用了一只定滑轮或辘轳，你就不必再一直向上用力，你可以向下或向前用力就行了，这对改善操作条件是很有用处的。《墨子》一书中讨论了杠杆问题：运用杠杆，可以在一端系上石头等重物，另一端系上空桶，人只要用很小的力就能打起一桶水来。《墨子》中还把杠杆支点的一边叫作"本"，另一边叫作"标"。它不仅考虑到力的大小，而且考虑到距离。我们都知道，在古希腊是阿基米德最早研究了杠杆原理,并以此制造了大机械,但在中国,比阿基米德还早三百年就研究了杠杆平衡的道理,秤的使用也相当普遍。到公元前三世纪末,秦始皇统一中国后,将各地的度量衡全都统一起来,更说明称(衡)已经是日常的普遍用具了。

在《墨子》一书中,除了讨论杠杆、光学等原理外,还对物体的运动、运动的分类,运动与时空的关系都作了论述。在书中我们可以看到圆球运动和它的随意平衡,轮轴和斜面的受力等情况分析。这是较早的运动学记载。

张衡生于东汉章帝建初三年,南阳郡西鄂县(今河南南阳市北)人。家为著姓,祖父张堪官至渔阳郡(治所在今北京市密云县西南)太守,为官清廉爱民,老百姓赞之为"张君为政,乐不可支"。张堪的思想品德对张衡影响很大。是我国东汉时期伟大的科学家、文学家、发明家和政治家。在地震学方面,他发明创造了"地动仪",是世界上第一架测定地震及方位的仪器,比欧洲早1700多年。在天文学方面,他发明创造了"浑天仪",是世界上第一台用水力推动的大型观察星象的天文仪器。

东汉时期,由于中国发生地震的次数比较多,给老百姓的生命及财产造成了很大的灾难。为了测定地震方位,及时地挽救人民的生命财产,公元126年,张衡在第二次担任太史令之后,就注意掌握收集地震的情报和记录,经过多年的潜心研究,终于在公元132年(东汉顺帝阳嘉元年),发明了世界上第一台测定地震方位的科学仪器——地动仪。

这个地动仪是用精铜铸成的,形状像一个酒樽,直径为八尺。仪器上有一个隆起的顶盖,仪器的外部刻有篆文以及山、龟、鸟、兽等图形。仪器的内部有一根都柱,这根柱能够沿导轨向八个方向侧移,并以此操纵一个启(发)、闭(关)的开关。它的外部,有八条龙,每一个龙头的口中都衔有一颗铜丸,在底座周围则有八只张着口的蟾蜍和龙头相对,以便随时承受从龙口中落下的铜丸。地动仪的牙机制得非常精巧,全部装在仪器的内部,盖子盖得非常严密,连一点缝隙也没有。一旦发生了地震,地动仪就会受到振动,结果就会有一个龙嘴吐出铜丸,让它下面的蟾蜍把铜丸衔着。这时,地动仪就会发出响亮的声音,从而引起看守人员的注意。尽管有一条龙的机关受到触发,但其余七条龙则会保持不动,因此,只要知道哪一条龙受到触发,就可以知道地震来自什么方向。根据所发生的地震的事实加以验证,地动仪所指出的地震方向和地震实际发生的方向几乎一点不差。利用它,不但可以知道有没有发生地震,而且可以测出地震的方向。

张衡的地动仪基本上是由两部分组成:一部分是表达惯性运动的摆,(《张衡列传》叫都柱),另一部分是设在摆的周围与仪体相接联的八个方向的八组杠杆机械,两者都装置在一座密闭的铜仪中。都柱是我国古代建筑中心柱的名称,张衡地动仪中的都柱,就是沿用这个定义。由此可知,张衡是受到地震灾害中房倒屋塌的启示,利用不稳定平衡的原理,在仪器中央安装着一根在静止状态下能够直立的柱,如果发生了地震,由于地震波的震动,使都柱产生位移,平衡遭受破坏,就要倾倒下去。由于地震波的纵波转播较快而走在前边,而且又从大地内部传来,所以都柱的基部首先受到纵波的推力而产生和震源方向相对的位移。但在都柱的顶部,还保持在原来的位置。因而造成都柱向着震源方向的倾斜状态,于是就重心偏移,平衡遭受坡坏,都柱便向着震源的方向倒下去。都柱倾倒灵敏度的高低差别,取决于都柱的高和底面直径的比值的大小。此外,以都柱为中心而设置的八组杠杆机械,其用途是在地震时,摆由于本身惯性而与仪体发生相对的位移,失去平衡而倾斜,推开一组杠杆,使这组杠杆与仪体外部相联的龙头吐出铜丸,落入蟾蜍口中,通过击落的声响和落丸的方位来报告地震和记录地震的方向。

从历史上的记载来看,张衡的地动仪是颇为灵敏的。公元138年,陇西(今甘肃省东南部)发生了地震,陇西离洛阳一千多里,但张衡的地动仪向西北方向的一条龙吐出了铜球,测出西北方发生地震,当时住在洛阳的人都丝毫

中国古代物理学先驱

没有感觉到地震。洛阳的官僚、学者们议论纷纷,怀疑地动仪是否准确。过了几天,陇西果然送来了报告,说那里发生了地震,于是,大家都承认这个仪器非常神妙。从洛阳人没有震感的情况来分析,地动仪可以测出的最低震级为3级左右,在当时的技术条件下,这是一个十分了不起的成就。从此,我国开始了远距离测量地震的历史。

张衡制成的地动仪是人类历史上的首创,是人类文明史上用科学方法认识地震的第一次勇敢尝试,它揭开了地震科学的新纪元。我们可以毫不夸张地说,张衡是世代人类从事地震科学研究的先驱和世界公认的地震学的泰斗。在张衡成功地研制出地动仪之后,又经过了1748年,欧洲才制造出同地动仪相类似的仪器。而更早的体现力学原理运用的是戽斗。它由两个人分站在两边,拉动斗边的绳子,把水从河岸下提到岸上田里。这是典型的体现力的平行四边形法则的工具。两个人的力用平行四边形法则相加合起来就是戽斗的运动。这种关于分力与合力的实际运用,在船的帆与舵中得到了充分体现。明代《天工开物》一书中详细地分析了在顺风、戗风和逆风中帆的张开角度和主向对于船速的影响,以及舵的长短和掌舵情形对船方向的影响。

帆的使用是利用风力,风是空气流动形成的,属于空气动力学。不流动的空气运用于生产和生活,在古代也是很早就出现了。宋朝大学者苏轼在他的《东坡志林》中,记载四川盐井生产中用唧筒把盐水从井里吸到地面,说所用竹筒"无穷而窍其上,悬熟皮数寸,出入水中,气自呼吸而启闭之,一筒致水数斗。"唧筒就是利用大气压力把水提升上来的工具,和现代使用的压水井差不多。比这更早的东汉末年,出现了灌溉用的"过山龙",也叫"渴乌"。

渴乌就是虹吸管,在古代用竹筒制成虹吸管把水引过山坡,而且还利用虹吸管和唧筒制作灭火器,这种灭火器是守卫城堡的必备品。

古书《关尹子》中说:"瓶存二窍,以水实之,倒泻;闭一则水不下,盖(气)不升则不降。"就是说瓶子闭住一个小孔水就流不出来,而两个小孔同开,空气能进去,水就流出来了。唐朝一位叫王冰的学者在《素问》一书中,关于大气压力的物理现象就讲得更清楚了。他说:"虚管溉满,捻上悬之,水固不泄,为无升气而不能降也;空瓶小口,顿溉不入,为气不出而不能入也。"还有一位学者写道:把葫芦嘴朝下按入水中,水进不到葫芦中去,这是因为葫芦中有空气顶着。只有把空气排出去,水才能装满。这都是已经对空气的性质有所认识,已经超出了"空"就是什么也没有,对气体毫无认识的阶段。虽然那时还难于从理论上计算大气压力和压强,但用唧筒抽井盐水的实践使人们得知,最多能把盐水抽到多高。这个极限就是空气压强值。

中国古代物理学先驱

在固体物理方面,我国古代也有了一定的基础。固体物理主要研究结晶态物质的内部结构,对晶体的认识是很重要的内容。比如雪花,就是最常见的水的结晶体。如果问你:雪花是什么形状的?你可能立刻脱口而出:"是六角形的"。对,是六角形的。这样简单的答案,在近代科学史上直到1611年,才被天文学家开普勒发现。因为雪花不是简单的六角形,而是极其复杂的六角结晶体。说起它的复杂,连现代数学家也为之瞠目:在一片小雪花上测量它的周长,这个周长竟可以是无穷大!也就是说要多长有多长!所以有人管雪花形曲线叫"病态曲线"。我国在汉朝发现了雪花是六角形,不仅总体外观是六角形,而且这大六角形中还包含数不清的小六角形折线。

除了雪花,许多特质的晶体都在古书中不断讲道。在各种药书和炼丹书中,列举晶体外形的物质不下一百种。南北朝时一位医学家陶弘景讲到白石英,"大如指,长二三寸,六面如削,白沏有光。"而明代李时珍在《本草纲目》中,讲到的结晶矿石几乎都有面、棱或角的记述。这些都说明中国古代对晶体的几何形状已有认真的考察。

古代人在晶体的人工制取上有了一定程度上掌握。唐朝人是这样制结晶硫酸的:用朴硝(硫酸钠,也称芒硝)、硝石(硝酸钾)捣碎,混合,用热水溶解,然后用温火煮。半冷后放入小盆,在盆外用冷水冷却。经过一夜就有结晶硫酸钾析出;"状如白色,大小皆有棱角起。"这同现代制取晶体的方法几乎完全相同。

在近代科学兴起以前,在整个欧洲处于中世纪暗夜之时,中国能在科学上有这样的成绩,不仅说明古代人民的智慧与才能,而且说明中国科技发展是具有历史连续性的。